밤에만 문을 여는

마음 상담소

Original Japanese title: **YORUSHIKAAKANAI SEISHINKA SHINRYOJO**

Copyright ⓒ 2019 Tetsuya Katakami

Japanese paperback edition published by KAWADE SHOBO SHINSHA Ltd. Publishers

Korean translation rights arranged with KAWADE SHOBO SHINSHA Ltd. Publishers

through The English Agency (Japan) Ltd. and Duran Kim Agency

밤에만 문을 여는 마음 상담소

초판 1쇄 인쇄 2020년 7월 5일
초판 1쇄 발행 2020년 7월 15일

지은이   가타카미 데쓰야
옮긴이   황국영
펴낸이   이영선
책임편집 이현정

편집   김선정 김문정 김종훈 이민재 김영아 김연수 이현정 차소영
디자인   김회량 이보아
독자본부 김일신 김진규 정혜영 박정래 손미경 김동욱

펴낸곳 서해문집 | 출판등록 1989년 3월 16일(제406-2005-000047호)
주소 경기도 파주시 광인사길 217(파주출판도시)
전화 (031)955-7470 | 팩스 (031)955-7469
홈페이지 www.booksea.co.kr | 이메일 shmj21@hanmail.net

ⓒ가타카미 데쓰야, 2020
ISBN 979-11-90893-01-5 03180

이 도서의 국립중앙도서관 출판예정도서목록(CIP)은 서지정보유통지원시스템 홈페이지(http://
seoji.nl.go.kr)와 국가자료공동목록시스템(http://www.nl.go.kr/kolisnet)에서 이용하실 수
있습니다.(CIP제어번호: CIP2020025520)

밤에만 문을 여는

마음 상담소

가타카미 데쓰야 지음 · 황국영 옮김

서해문집

수많은 사람들이 마치 자석에 이끌리듯

밤낮없이 모여드는 떠들썩한 동네,

오사카 미나미의 아메리카무라.

그 한구석, 레트로 느낌이 물씬 풍기는 상가 안에

'밤에만 문을 여는 정신과'가

있습니다.

올빼미가 야행성이라는 점에 착안해

'아울 클리닉'이라 이름 붙인

이 병원에는 밤만 되면 손님이 찾아옵니다.

회사원, 싱글맘, 니트족, 히키코모리,

옷 가게 점원, 아이돌, 유흥업소 직원,

성 산업 종사자에 의사까지……

아울 클리닉의 문을 두드리는

이들의 증상은 제각각이지만, 모두 마음속에

'사는 게 버겁다' '설 자리가 없다' '털어놓을 사람이 없다'는

어둠을 끌어안고 있습니다.

저녁 7시.

아울 클리닉의 상담이 시작되는 시간입니다.

첫 환자는 사사건건

"너 같은 건 낳지 말았어야 하는데"라며

폭언을 하던 엄마 밑에서 자란

20대 초반의 여대생입니다.

엄마에게 심한 말을 들을 때마다 손목을 그었고,

그럴수록 커지는 자기혐오에

스스로를 더 깊은 수렁에 몰아넣으면서

어둠의 늪에 빠지게 된 환자였죠.

오늘 이곳을 찾은 이유도

며칠 전 다시

손목을 그었기 때문입니다.

마주 앉은 채로

그녀의 이야기에 가만히 귀를 기울이자,

돌아가는 길에 "선생님, 고마워요" 하고

옅은 미소를 보입니다.

밝은 빛일수록

그 그림자는 짙고 어둡다고 하죠.

휘황찬란하게 빛나는

아메리카무라 거리의 한복판에서,

오늘도 깊은 어둠을 품은 이들이

아울 클리닉의 문을 두드립니다.

prologue

프롤로그

이 책에 관심을 가져 주셔서 감사합니다. 정신과 의사이자 아울 클리닉의 원장인 가타카미 데쓰야입니다.

흔히, 요즘 시대를 '스트레스 사회'라고 부릅니다. 직장에서는 이른바 '갑질'과 정신적 학대가 횡행하고, 계약직의 비율이 높아짐에 따라 고용 불안이 심화되었습니다. 인간관계의 트러블 또한 끊이지 않습니다. 가정에서도 이혼, 병간호, 빈곤, 학대, 가정폭력 등이 불씨가 되어 비극적인 사건이 심심찮게 일어나죠. 이런 시대를 반영하듯, 정신적인 아픔을 호소하는 사람이 매년 꾸준히 늘고 있습니다.

'마음의 병'이란 결코 특별한 것이 아닙니다. 누구나 겪을 수 있는 일이죠. 그러나 정신과 혹은 정신과를 찾는 사람들에 대한 편견은 여전히 뿌리 깊습니다.

"정신과에 온 걸 아무도 몰랐으면 좋겠어요."
"정신과 치료를 받겠다고 휴가를 낼 수는 없습니다."
"정신과에 다닌다는 사실을 들키면 회사를 그만둬야 할지도 몰라요."
이런 이유로 괴로움을 참는 사람들도 적지 않습니다.

직장인들은 진찰받을 시간도 여의치 않고, 환자 대부분이 정신과에 다닌다는 사실을 알리고 싶어 하지 않습니다. 그래서 저는 퇴근 후에 들를 수 있는, 사람들 눈에 띄지 않게 숨겨놓은 아지트 같은 병원을 만들면 많은 이들을 도울 수 있을 거라는 생각으로 2014년 7월 30일, 서른 번째 생일을 맞아 아울 클리닉의 문을 열었습니다.

아울 클리닉은 평일에 근무하는 직장인들이 일부러 휴가를 낼 필요가 없도록 저녁 7시부터 밤 11시까지(화요일, 공휴일, 매월 세 번째 월요일, 연말연시를 제외) 문을 여는 완전예약제의 정신과입니다. 내과와 피부과도 함께 운영하고 있죠. 누구보다 현대사회의 부정적인 여파에 휩쓸리기 쉬운 젊은이들이 부담 없이 드나들 수 있게, 위치를 '청춘의 메카'인 오사카 미나미의 아메리카무라로 정했습니다.

평균적으로 하룻밤에 열다섯 명 정도의 환자들이 아울 클리닉을 찾습니다. 5년 동안 쌓인 카르테(진료 기록부)는 어느덧 사천 장 가까이 됩니다. 그 종이의 수만큼 고민과 불안에 아파하는 사람들이 있다는 것이죠. 어쩌면 이 카르테는 사방이 꽉 막혀 도망갈 곳조차 없는 현대사회의 축소판일지도 모릅니다.

저에게는 또 다른 직함이 있습니다. 효고현 가코가와시에 있는 히가시카코가와 정신과 병원의 상근 의사죠. 병원에서 주간 근무를 마치고 아울 클리닉으로 이동하는 도중에도 쉴 새 없이 예약 및 문의 전화가 걸려 옵니다.

"선생님."
"네."
"……."

"여보세요, 무슨 일이세요?"

"죽고 싶어요."

가끔 이렇게 다급한 용건의 전화도 걸려 오기 때문에 좀처럼 긴장을 늦출 수 없습니다.

아울 클리닉의 문을 열고 들어가 접수처를 지나면, 좁고 긴 통로 안쪽에 1.5평 남짓의 진료실이 나옵니다. 매일같이 복잡한 삶의 이야기가 펼쳐지는 곳이죠. "행복해 보이는 부모 자식을 보면 죽이고 싶은 충동이 들어요. 어떡하죠, 선생님?" 하고 진지한 얼굴로 묻는 여대생. "마치 제 살갗에 보호 필름이 붙어 있는 것 같은 느낌이에요. 너무 불쾌해서 아세톤으로 온몸을 다 닦았어요"라며 환각에 시달리는 옷 가게 직원. 꼬마를 데리고 와서는 "오늘은 갑자기 패닉을 일으켜서 구급차에 실려 갔다 오는 길이에요" 하고 마치 남 이야기를 하듯 웃으며 말하는 싱글맘.

한번은 호스트에 빠져 막대한 빚을 진 유흥업소 여직원이 착란 상태에서 야쿠자로 보이는 사람들 손에 끌려오기도 했습니다. 수없이 손목을 긋다가 '이제 더 그을 곳이 없다'면서

칼로 전신을 자해한 성 산업 종사자, 괴로움을 참지 못해 약수십 알을 한꺼번에 삼킨 후 휘청거리며 나타난 주부 등 정말 다양한 환자들이 있죠.

진료가 끝나는 시간은 밤 11시. 오직 잠을 자기 위해 귀가하는 날들의 연속으로, 택시를 타고 집에 도착했을 때 이미 날짜가 바뀌어 있는 일도 다반사입니다. "도대체 왜 그렇게까지 아울 클리닉을 고집하는 거야?"라는 질문을 지금껏 수없이 받아 왔는데요, 저에게는 체력이 허락하는 한 아울 클리닉을 계속해야 할 이유가 있습니다. 그것이 무엇인지는 천천히 말씀드리도록 할게요.

많은 분들이 본인이나 가족, 친구에게 마음의 병이 있을지도 모른다는 불안과 걱정 때문에 이 책을 보고 계실 텐데요. 그런 분들을 위해 누구나 걸릴 수 있는 우울증을 중심으로 다양한 환자들의 이야기를 소개해 볼까 합니다. 어떤 질환이든 초기에 치료를 시작할수록 회복이 빠르고 예후도 좋다는 것은 분명한 사실입니다. 마음의 병 역시 마찬가지죠. 이 책이 하루라도 빨리 치료를 시작하는 계기가 되길 진심으로 바랍니다.

Contents

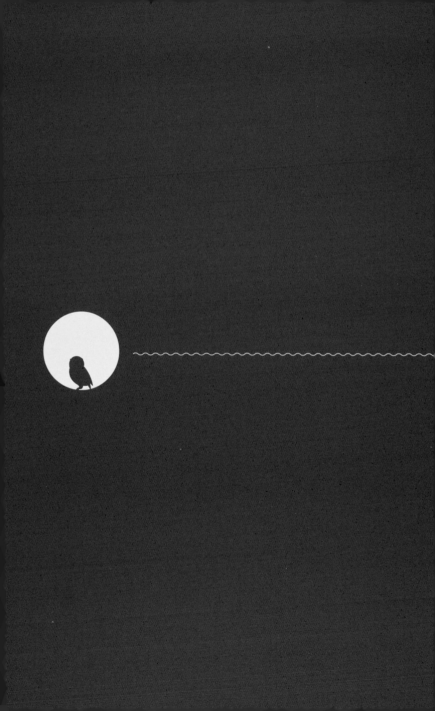

누구나 '마음의 감기'에 걸리는 시대

현대사회에는 우울증에 걸린 사람이 정말 많습니다. 우울증이란 직장과 가정에서 받는 스트레스로 인해 만성적인 우울함을 느끼거나 어떤 일에도 의욕이 생기지 않는 상태가 길게 지속되는 마음의 병을 일컫는 말이죠.

일본에서는 약 열다섯 명 중 한 명이 사는 동안 한 번은 우울증을 앓는다고 하는데, 환자들의 연령대도 점점 낮아지는 추세라 우려를 낳고 있습니다. 정신과 진료를 받는 사람 중 다수가 우울증을 앓고 있고, 아울 클리닉에도 우울증 환자가 압도적으로 많죠.

무직, 실업자, 공사 현장 및 공장 작업자, 제약회사 영업사원(MR), IT 기업 사장, SM 전문업소 종사자, 간호사 등 우울증 환자의 직업은 다양합니다. 최근에는 업무 과중에 시달리는 학교 선생님들이 우울증에 걸리는 사례도 늘고 있습니다.

예전에, 교장 선생님의 잔심부름까지 떠맡은 30대 초등학교 여교사가 아울 클리닉을 찾은 적이 있었습니다. 우울증이라는 진단이 내려졌고 결국 휴직을 할 수밖에 없었죠. 저는 치료의 일환으로 교장 선생님께 추가 근무를 시키지 말아 달라고 부탁했지만, 이후에도 변함없이 시간외근무가 계속되었다고 합니다. 과도한 업무량 때문에 학생들과의 관계도 소원해지고 이로 인한 학부모들의 클레임까지 줄을 잇자 심리적 균형이 무너져 끝내 본인의 직장에 출근할 수 없는 상태가 되었습니다.

아울 클리닉에는 LGBT(레즈비언, 게이, 바이섹슈얼, 트랜스젠더) 환자들도 있습니다. LGB는 성적 지향의 문제라 할 수 있으나 T는 뇌가 생각하는 성별과 신체의 성별이 다른, 다시 말해 마음과 몸의 성별이 일치하지 않는 케이스이므로 뇌의 기능적 문제가 관여할 가능성도 있습니다. 어느 쪽이든 일반

사회에서 살아가며 어려움을 겪을 확률이 높고, 자책감에 휩싸이기도 쉬워 우울증에 걸리는 경우가 많습니다.

LGBT 관련 사례로, 한 여고생의 케이스가 있습니다. 그녀와 함께 방문한 어머니는 딸이 히키코모리로 지내며 등교를 거부하는 것이 제일 큰 고민거리라고 말했습니다. 하지만 저는 '그건 딸의 고민이라기보다 어머니 본인의 고민이 아닐까' 추측하며 최대한 딸의 이야기를 들어 보려 했습니다. 아직 어렸던 그녀는 자신의 생각과 감정을 제대로 표현하기가 어려운 듯 처음에는 입을 다문 채 아무 말도 하지 않았지만, 참을성 있게 대화를 시도한 결과 성 정체성에 대해 고민하고 있음을 알게 되었습니다. 동성 친구를 좋아하는 마음이 너무 커졌고, 자신을 컨트롤하지 못할 것이란 불안감에 상대가 있는 장소(학교)에 가까이 가지 않는 방법을 선택한 것이더군요.

지금은 누가, 언제, 어떤 식으로 우울증에 걸려도 이상할 것이 없는 시대입니다. '마음의 감기'라는 말이 있을 정도로 누구나 쉽게 겪을 수 있는 병이죠. 제일 먼저 이 점을 확실히 기억해 주셨으면 합니다.

갈 곳 없는 사람들이
모여드는 공간이니까

아울 클리닉에 오는 환자 중에는 친구 같은 교류를 원하는 분도 적지 않습니다. 몸과 마음이 무너진 사람은 주변인들과의 소통이 어려워 '고독'을 느끼는 일이 많기 때문입니다. 그래서 아울 클리닉은 어떻게든 이곳을 찾은 사람들이 '웃을 수 있는 환경'을 만드는 것을 중요하게 생각합니다. 정신과에서 웃을 수 있는 분위기를 강조하는 것이 의아할지도 모르지만, 아울 클리닉을 찾는 분들이 저나 직원들과의 커뮤니케이션을 통해 조금이라도 즐거움을 느끼고 이로 인해 자연스럽게 웃으며 대화할 수 있게 되면, 이것이 직장과 가정에서 이뤄지는 소통의 변화를 이끄는 실마리가 될 수 있습니다.

아울 클리닉은 완전예약제라 대기실이 없습니다. 진료실로 향하는 좁고 긴 통로에 의자가 놓여 있을 뿐이죠. 구조가 이렇다 보니 직원과 환자가 교류하는 공간은 보통 접수처입니다. 접수처 직원들이 아무렇지 않게 나누는 잡담은 거의 만담 수준입니다. 진찰을 기다리는 환자까지 자연스럽게 끌어들여 대화를 하는데, 종종 폭소가 터지기도 하죠. 그런 환경이 환자의 기분을 누그러뜨리고 치유하는 데 도움이 되는 것은 틀림없습니다.

물론, 함께 웃을 수 없을 정도로 증상이 심한 환자도 있습니다. 하지만 치료를 계속하다 보면 짤막하게나마 직원들과 대화를 나누게 되죠. 그렇게 환자들이 미소 짓는 일이 서서히 늘고 마침내 다 같이 큰 소리로 웃음을 터뜨리는 날이 오면 저와 직원들은 '정말 잘됐다!'는 마음으로 진심을 다해 기뻐합니다.

인생에는 웃음이 꼭 필요합니다. 웃음이 모든 병과 관련된 면역력을 높이고 치료에 도움을 준다는 연구 결과도 있습니다. 정신적, 육체적으로 괴로울 때는 좀처럼 웃음이 나지 않을지도 모릅니다. 하지만 아주 잠시라도 웃어 보시기를, 웃으면 건강해진다는 사실을 떠올려 주시기를 바라며 오늘도 저는 진료실로 향합니다.

얼마 전, 저도 모르게 웃음이 새어 나올 만큼 기분 좋은 일이 있었습니다. 우울증으로 진료를 받던 한 여성이 어느 날 부탁을 하더군요. 현장 실습 준비를 위해 강의가 잘 들리는 자리에 앉고 싶으니 난청 진단서를 끊어 달라고요. 그녀의 왼쪽 귀는 일명 볼거리(유행성 이하선염) 바이러스로 인해 어린 시절부터 난청을 겪고 있었습니다. 저는 이비인후과 전문은 아니지만 진단서를 작성하고 청력검사도 진행했습니다. 검사 중 왼쪽 귀에는 10데시벨 정도로 작게 속삭였다가, 오른쪽 귀에는 1000데시벨 가량의 큰 소리로 말하는 장난을 쳤더니 그분이 "아, 귀 떨어지겠어요!"라며 버럭 화를 냈습니다. 그 상황이 마치 콩트 같아서 웃음이 터졌고 결국 그녀도 폭소했습니다.

별것 아닌 해프닝이지만 환자에게는 이런 순간조차 큰 의미가 될 수 있습니다. 웃었다는 경험이 조금씩 자신감을 키워 주기 때문이죠. 자칫 분위기가 어두워지기 쉬운 정신과이기 때문에 더더욱, 늘 웃음과 함께하는 것이 중요하다고 생각합니다.

학창 시절 동아리 같은
정신과

아울 클리닉 직원의 연령은 30세 전후로 모두 젊고 재미있는 사람들입니다. 2019년 7월 기준으로 사무직 네 명, 간호사 다섯 명, 임상심리사 여덟 명 그리고 저까지 총 열여덟 명이 클리닉을 운영하고 있습니다. 직원들은 즐기는 마음으로 모든 일에 함께해 주고 있습니다. 오해를 살 만한 표현일 수도 있지만, 마치 학창 시절의 동아리 활동 같은 느낌이죠.

진료가 일찍 끝난 날에는 보통 직원들과 같이 식사를 하는데 식당 종업원들이 "다들 사이도 좋고, 너무 즐거워 보이네요"라며 말을 걸곤 합니다. 일이든 뭐든, 즐겁지 않으면 오랫동안 꾸준히 할 수 없습니다. 그래서 항상 직원들에게 "즐겁지 않다고 느껴지면 언제든 그만둬도 좋습니다"라고 이야기하죠. 말은 그렇게 합니다만, 제게는 누군가가 그만두는 것이 가장 두려운 일이기 때문에 모두 즐겁게 일할 수 있도록 동아리 활동 같은 느낌으로 아울 클리닉을 운영하고 있습니다.

모든 직원들은 저처럼 낮에는 다른 직장에서 일하고 퇴근 후에 아울 클리닉으로 출근합니다. 예를 들어 간호사들은 의료계에서 일하고, 사무직 직원들은 일반 기업에서 근무 중이죠. 직원 채용은 기본적으로 제가 결정합니다. 지인 중에 아울 클리닉에 어울릴 법한 사람들을 먼저 스카우트했죠. 소개를 받기도 했습니다. 직원의 친구 혹은 친구의 친구 등 모두 주변 사람들과의 인연으로 아울 클리닉에 와 줬습니다. 그래서인지 지금까지 아울 클리닉을 그만둔 직원은 한 사람도 없습니다. 처음 클리닉을 열 때 실습 겸 일하던 임상심리학 전공의 대학원생 한 명이 취직을 위해 떠난 정도죠. 퇴사율 제로, 정말 감사한 일입니다. 다들 각자의 본업이 따로 있는 상태에서 부업 개념으로 일한다는 점 또한 조금 더 여유 있는 마음으로 서로를 대하는 이유가 아닐까 합니다.

요일마다 다른
상담사

아울 클리닉에서는 저나 임상심리사에게 상담을 받을 수 있습니다. 나중에 조금 더 자세히 이야기하겠지만, 정신과에서는 마음의 병으로 괴로워하는 환자들이 약물에 의존하지 않고 본래의 건강한 생활로 돌아갈 수 있도록 돕는 상담 진행을 중요시합니다. 소규모 병원일 경우 상근 임상심리사가 한 명, 많아야 두 명 정도 있는 것이 일반적인데요. 아울 클리닉은 임상심리사 여덟 명이 요일마다 돌아가며 상담을 맡습니다. 이런 시스템을 택한 것에는 이유가 있습니다.

먼저, 상근으로 인한 리스크를 피하기 위해서입니다. 저를 포함한 직원 총 열여덟 명이 마치 동아리 활동을 하듯 운영에 참여하는 것이 아울 클리닉의 장점인데, 한 명에게 큰 책임을 지우면 즐거움이 줄어들 테니까요. 요일마다 임상심리사가 바뀌다 보니 이에 따라 클리닉의 분위기도 바뀌고, 일하는 사람들의 기분도 달라집니다. 솔직히 말하자면, 야간 업무 몇 시간의 대가로 생활을 영위할 수 있는 수준의 월급을 지불하기 어렵다는 점도 큰 이유입니다.

당연히 상담받는 이들에게도 메리트가 있습니다. 여성 상담사와 이야기하고 싶다, 연령대가 비슷했으면 좋겠다 등의 요청에 응하기 쉬우니까요. 만약 처음에 상담했던 임상심리사와 잘 맞지 않으면, 요일을 바꿔 다른 임상심리사를 만날 수도 있습니다. 실제로 남자 선생님에게는 털어놓기 어려웠는데, 여자 선생님과는 말하기가 편하다는 등의 이유로 자신에게 맞는 임상심리사를 선택하는 사람이 많습니다.

여기가 안 되면
다른 선택지가 있다는 마음으로

직원들은 저더러 이상한 사람이라고 합니다. 환자들도 대체로 그렇게 생각하는 모양이고요. 다행히 '이상하다'는 말이 부정적인 뜻이 아니라 좋은 의미라는 사실을 최근에 알게 되었습니다.

옛날 방식을 고수하는 의사 중에는 권위적으로 진료를 하는 분들이 간혹 있는데, 저는 그런 방식을 선호하지 않습니다. '모두 대등한 위치에서 함께 힘을 내 보자'는 입장이죠. 일하는 청년들에게 도움이 되고 싶은 마음은 있지만 그렇다고 이상을 향해 열정을 불태우며 온몸을 던지는 스타일도 아닙니다.

간혹 《늦은 밤, 잠 못 드는 아이들》을 쓰신 미즈타니 오사무 선생님처럼 밤거리의 청춘을 구원하는 영웅 같은 존재로 저를 상상하는 사람도 있는데, 실제로 만나 보면 하나같이 생각했던 이미지와 너무 다르다며 놀랍니다. 마냥 밝은 성격에 "즐거운 게 최고야!" 같은 말이나 하는 사람이니까요. 아울 클리닉의 임상심리사 사사키 마사토 선생님은 저에 대해 이렇게 표현하더군요. "정신과 선생님답지 않은 것이 장점이에요. 굉장히 활동적이죠. 모든 일에 흥미를 보이고, 다 체험해 보고 싶어 하는 면도 재미있어요. 아울 클리닉이 얼마나 오래갈지는 모르겠지만, 아무튼 도전 정신과 버라이어티가 넘치는 사람이에요." 이 말, 칭찬이겠죠? 어쨌든 저를 재미있다고 생각한다니 그것으로 만족합니다.

우울증으로 아울 클리닉을 찾는 회사원들은 가혹한 '갑질'을 당하고, 무리한 할당량에 괴로워하면서도 '지금 다니는 회사에서 잘리면 갈 곳이 없을지도 모른다'는 비장함 속에 절망을 끌어안고 사는 경우가 많습니다. 존재 의미와 가치를 잃을까 두려워 'ㅇㅇ가 아니면 안 돼!' '△△여야만 해!' 하며 반드시 이래야만 한다는 강박에 사로잡히면 정신적, 육체적으로 궁지에 몰리게 됩니다. 책임감은 갖되, 다른 일자리를 염두에 두고 동아리 활동을 하듯 즐겁게 일하며 '만약 여기가 안 되면 다른 선택지가 있다'는 감각을 지니시면 좋을 것입니다. 저는 아울 클리닉에 오시는 분들이 이런 생각을 가졌으면 하는 마음으로 하루하루 진찰에 임합니다. 일에 대한 압박을 조금 덜어 내면 직장인으로서의 우울감은 분명 옅어질 것입니다. 이상론을 늘어놓는 것이 아니라, 진심으로 그렇게 믿고 있습니다.

뒤엉킨 마음의
실타래를 풀듯

외과 수술은 예술과 같다는 말, 들어 본 적 있으신가요? 흉터가 남지 않도록 섬세한 손끝으로 마치 조각을 빚어내듯 수술하는 모습을 보면 그야말로 적절한 비유라는 생각이 듭니다. 예술이라는 말이 딱 맞죠. 하지만 외과 수술을 하지 않는 정신과 의사에게도 예술가 같은 면이 있다는 생각이 듭니다.

'병이나 증상[theme]을 보이는 환자[client]가 존재하고, 의사는 그들의 증상과 상황을 바탕으로 병명을 판단해 처방전[design]을 낸다.'

단순한 것 같지만 깊이가 있죠. 모든 환자는 배경[backbone]이 다릅니다. 정신과 의사라면 환자의 현재 컨디션은 물론 성장 과정과 살아온 방식, 가치관, 지금의 환경, 일, 가족, 친구 이야기까지 꼼꼼히 들어야 합니다. 디자이너나 크리에이터가 클라이언트의 요청 사항을 정확히 파악해 작품을 만들어내는 과정과 유사하죠.

정신과 의사로서 저는 환자의 인생을 '추체험'한다고 할 수 있습니다. 다시 말하자면, 환자의 체험을 저의 체험처럼 느껴 보는 것이죠. 많은 사람들이 그 과정이 괴롭지 않냐고 묻습니다. 힘든 점이 없다면 거짓말일 테죠. 하지만 환자에게 공감하지 못하면 정신과 의사로서 자격이 없다고 생각합니다. 전공이 무엇이든 의사라면 누구나 환자 가까이에 다가가 최선을 다해 진찰을 할 것입니다. 환자를 100퍼센트 이해하는 것은 불가능하겠지만, 그분들의 마음이 조금이라도 가벼워질 수 있도록 그 곁을 지키려고 합니다.

스트레스로 뒤덮인 현대사회. 환자들이 앓고 있는 마음의 병은 여러 요인이 복잡하게 얽혀 발생한 것입니다. 간단히 풀 수 없는 경우가 대부분이죠. 엉클어진 실타래를 풀듯 마음을 정리하며 환자에게 가장 도움이 될 만한 이야기를 함께 생각해 나가는 작업. 이런 일련의 과정을 보면 정신과 의사는 소설가와도 닮은 면이 있을지 모르겠습니다. 물론 정신과 의사가 패션 디자이너처럼 옷을 만들거나, 게임 크리에이터처럼 가상 세계를 창조할 수는 없겠죠. 하지만 환자의 사연에서 탄생하는 이야기도 하나의 작품이라 말할 수 있지 않을까요?

이상은 제가 환자들과 만나며 느낀 점들입니다. 저는 치료를 위해 환자의 곁을 지키는, 직원들과 함께 달려 나가는, 소설가나 디자이너의 작업과도 닮은 의사로서의 일을 즐기고 있습니다. '환자의 해피 엔딩을 디자인하고 싶다. 꼭 웃는 얼굴로 돌아가게 하고 싶어!' 이 마음만큼은 한 번도 변한 적이 없습니다.

일하는 분들을 돕고 싶습니다

밤에만 문을 여는 병원. 게다가 정신과. 심지어 위치는 오사카 미나미의 번화가인 아메리카무라. 많은 사람들이 이런 병원을 만들었다는 사실에 놀라더군요. 이쯤에서 제가 왜 아울 클리닉을 시작하게 되었는지, 그 계기에 대해 이야기해 볼까합니다.

아울 클리닉은 일하는 사람들을 돕고 싶다는 마음에서 시작했습니다. 일본인은 너무 바쁘게 산다는 말, 자주 들어 보셨을 텐데요. 몸이 아파 힘들 때도 회사 동료들을 생각하면 쉬기 어렵고, 병원에 갈 시간적 여유도 마땅치 않습니다. 병원에 가려고 마음먹어도 퇴근 후까지 문을 여는 곳은 아주 드물죠. 아마 곤란을 겪는 '진료 난민'이 적지 않을 것입니다. '늦게까지 문을 여는 병원이 있으면 얼마나 편할까?' 저는 의사를 꿈꾸던 고등학생 시절부터 이런 생각을 해 왔습니다.

아울 클리닉을 아메리카무라에 연 것은 이곳이 청년 문화의 중심지이기 때문입니다. '청춘의 메카'라는 별명이 있을 정도니, 분명 많은 젊은이들이 찾아올 것이라 믿었죠. 저는 정신과 의사로서 젊은 환자들을 더 많이 만나고 싶었습니다. 아직 긴 인생이 남아 있는 사람들이니까요. 마음에 아픔이 있을 때 일찍 대처해 빨리 치료를 받는다면 남은 시간들이 그만큼 더 유의미해질 것입니다. '젊은 사람들이 모이는 곳에 정신과를 열면 치료의 시작을 앞당길 수 있겠다!' 이것이 이유였습니다.

마음의 병 때문에 일하지 못하는 청년이 증가하는 건 국가적으로도 큰 손실입니다. 건강하고 의욕적인 청년들이 더 많아지는 데 이바지할 수만 있다면 참 보람 있을 거라 생각 했죠. 가장 큰 동기는 '열심히 일하는 사람들에게 힘이 되고 싶다'는 것이었습니다.

나이가 어릴수록 정신과에 다닌다는 사실을 감추고 싶어 하고, 들켰을 때 나쁜 이미지가 생길까 두려워하기 쉽다는 점도 계기가 되었습니다. 그래서 일부러 남의 시선을 신경 쓰지 않고 드나들 수 있는 복합상가 안에 자리를 잡았죠. 빈티지 숍이나 중고게임 숍 등이 입주해 있는 지금의 빌딩을 선택한 포인트 중 하나는, 환자들이 들어오고 나갈 때 다른 사람과 마주칠 일이 없다는 것입니다. 아울 클리닉은 건물의 3층, 미로를 연상케 하는 긴 복도의 구석에 있습니다. 올 때는 엘리베이터에서 내려 왼쪽 또는 오른쪽 복도를 따라 쭉 걸으면 되고, 돌아갈 때는 반대로 한 바퀴 빙 돌아 엘리베이터를 타면 됩니다.

정신과에 대한
심리적 허들 낮추기

밤에만 문을 여는 병원이다 보니 환자의 절반 이상이 회사원 등 주간에 근무하는 직장인입니다. 다수가 20~40대, 한창 일할 나이의 사람들이죠. 장소 특성상 유흥업이나 성 산업에 종사하는 여성도 많습니다. 아울 클리닉 환자의 평균 연령은 30세 전후로, 70퍼센트가 여성입니다.

환자들은 모두 입을 모아 말합니다. "밤에 문을 여는 정신과가 여기밖에 없어서요." 이것이 바로 아울 클리닉의 강점입니다. 늦은 밤 찾아올 수 있다는 것이 핵심이죠. 오사카에도 병원은 많지만 응급 병원이 아닌 이상 밤 11시까지 문을 여는 곳은 거의 없고, 특히 정신과의 야간 진료는 전국적으로 매우 드뭅니다.

'몸과 마음의 건강이 쾌적한 삶의 필수 요소'라는 것은 기본적인 상식입니다. 그런데 마음의 병이 있어도 정신과 방문을 주저하는 사람, 가고 싶은 마음은 있지만 구체적인 병명을 진단받았을 때의 충격이 두려워 망설이는 사람이 적지 않습니다. 아울 클리닉은 메인이 정신과이며 정신질환을 겪는 환자가 전체의 80퍼센트를 차지하지만, 내과와 피부과가 함께 있습니다. 감기 증상이나 미용 목적으로 방문하는 환자들도 있어 정신질환을 앓고 있다고 특정될 일이 없죠. 진료 시간과 위치 선정뿐 아니라 카운슬링 룸의 병설 등 다방면에서 환자의 프라이버시를 배려해 정신과의 진입 장벽을 최대한 낮추려 노력했습니다.

최근에는 외국 국적의 환자들이 조금씩 늘고 있습니다. 출신지는 아주 다양한데, 미국이나 유럽, 아시아 국가에서 일본으로 건너와 외국어 교사나 호텔리어 등으로 일하는 사람들이 눈에 띕니다. 외국인들은 마음의 건강을 유지하기 위해 정신과를 다니는 것에 대한 심리적 허들이 비교적 낮은 편이고, 오히려 자기계발의 일종으로 여기는 듯한 인상마저 받습니다. 혹시 우울증일지 모르겠다는 생각이 들면, 곧바로 병원을 찾죠. 우리도 그들처럼 가벼운 마음으로 드나들 수 있도록 정신과에 대한 심리적 허들을 낮출 필요가 있습니다.

정신과란

저는 진작부터 의사가 된다면 정신과를 택하겠다고 마음먹고 있었습니다. 정신과 의사 와다 히데키 선생님의 저서를 읽은 것이 정신과에 관심을 갖는 계기가 되었죠. 보람이 클 것 같다는 이유도 있었지만 저한테는 암세포를 들여다보고 혈압, 혈당치를 체크하는 일보다 직접 사람을 만나고 사람의 내면을 들여다보는 일이 더 맞을 것 같았습니다. 환자의 성장 과정과 성격을 파악하고, 어떻게 살아왔는지를 이해한 다음, 고민과 아픔을 받아들이는 방법과 앞으로 살아갈 방향에 대해 함께 모색하는 일. 이 일을 하는 것이 정신과라고 생각했습니다.

저는 기본적으로 사람을 좋아해서 대화를 나누고 이야기를 듣는 것이 딱히 힘들지 않습니다. 어쩌면 외로움을 많이 타는 성격과도 관련이 있을지 모르겠네요. 옛날부터 혼자 있는 시간을 싫어했고 여럿이 시끌벅적 어울리는 것을 좋아했습니다. 제 사전에 '낯가림'이라는 말은 없습니다. 생전 처음 보는 사람에게도 아무렇지 않게 말을 걸죠. 갑자기 친한 척

하며 말을 거는 제가 어이없다고 생각할 수도 있지만 별로 신경 쓰지 않습니다. 정신과 의사가 되고자 마음먹었을 때부터 환자 한 명 한 명의 마음과 상황에 귀를 기울이며 충분한 시간을 들여 진찰하는 것이 정신과 치료의 기본이라고 생각했습니다. 지금도 그 믿음에는 변함이 없습니다.

밤의 얼굴, 낮의 얼굴

바로 이런 신념이 있기 때문에 초진에 1시간, 재진에 30분을 할애합니다. 일반적인 정신과 병원은 대기 시간에 비해 진료 시간이 지나치게 짧은 인상이 있죠. 심할 때는 몇 시간씩 기다려 진료실에 들어갔다가 3분도 채 안 되어 나오기도 합니다. 의료 현장에서 더 많은 환자를 진찰하기 위해서는 효율이 필수적이지만, 효율만을 따지다 보면 진찰 시간이 짧아질 수밖에 없습니다. 아울 클리닉은 의도적으로 반대의 스타일을 고수하고 있습니다. 환자 한 사람과 보내는 시간이 길어질수록 효율이 떨어지기 때문에 이 방법으로는 큰 수익을 기대할 수 없으나, 눈앞의 이익을 좇다 보면 정신과 진료에 영향이 생기기 쉽습니다. 그래서 저는 낮과 밤의 두 가지 업무를 병행합니다. 병원에서 주간 근무를 해서 얻는 수입이 있기 때문에 아울 클리닉을 운영할 수 있죠.

지금은 효고현 가코가와시에 있는 히가시카코가와 병원의 상근 의사로 근무하고 있습니다. 근무 시간은 오전 9시부터 오후 5시까지. 오전 7시 반에 오사카의 집에서 나와 특급 열차인 '슈퍼 하쿠토'에 탑승, 편도로 1시간 반쯤 걸리는 병원으로 출퇴근을 합니다. 왕복 3시간 정도가 소요되는 장거리 통근이죠. 히가시카코가와 병원에 오게 된 것은 동료 의사의 권유 때문이었습니다. 대형 병원에서 하는 근무가 큰 도움이 될 것이라 믿고 일을 시작했죠. 이 병원은 정신과 단과 병원으로는 80년이 넘는, 유수한 역사를 자랑하는 곳입니다. 사백 개 이상의 병상이 있고 90퍼센트 가까이 채워져 있습니다.

저는 기본적으로 입원 환자들을 진찰합니다. 주치의로서 마흔 명 전후의 환자들을 담당하고 있는데 대부분 60~70대로, 알츠하이머 환자의 비율이 높습니다. 양로원에서 이리저리 돌아다니거나 난동을 부린 환자들, 환각과 망상 증상이 심해진 분들이 병원으로 옮겨 옵니다. 가끔은 오전 외래를 담당하는 일도 있습니다. 점심 식사를 하고 나면 1시간 정도 낮잠을 잡니다. 조금이라도 쉬지 않으면 몸이 버티질 못하니까요. 그리고 오후 2시 반쯤부터 병동에 입원한 환자를 회진하는 등 업무를 봅니다.

아울 클리닉과 이 병원의 큰 차이는 중증 입원 환자들을 만나게 된다는 점입니다. 정신과 병원에 입원한 환자들은 기본적으로 사회생활이 어려운 분들입니다. 갑자기 큰 소리를 질러 정상적인 근무가 힘든 사람도 있고, 자해를 하거나 남에게 상처를 입힐 우려가 있어 혼자 두기 불안한 사람도 있죠. 환각이나 망상이 심한 사람의 사회생활 역시 녹록지 않습니다. 이런 케이스는 자극이 많은 환경에 노출되면 불안정해지기 쉬우므로 입원을 추천합니다.

과거 일본에서는 정신과를 3K(더럽고kitanai, 냄새나고kusai, 무서운kowai 곳)로 여기는 사람들이 많았고, 지금도 일부 병원은 다소 폐쇄적인 분위기를 풍깁니다. 하지만 히가시카코가와 병원은 그렇지 않습니다. 농구 코트와 풋살 경기장이 있고 병원 건물 바로 앞에 있는 주차장 옥상에는 인공 잔디로 만든 운동장이 있어서 거기서 치료를 진행합니다. 폐쇄 병동에 갇혀 있는 것보다 이렇게 밝고 개방적인 곳에서 치료를 받는 편이 예후도 좋고 사회에 복귀하기 쉽다는 사실을 실감하고 있죠.

히가시카코가와 병원에 입원한 환자들은 매일 아침 정해진 시간에 일어나 다른 환자들과 함께 캐치볼 등의 운동을 하는 것이 습관이 되어 있습니다. 이는 작업치료, 즉 OT Occupational Therapy를 기반으로 합니다. '환자에게 주어진 시간과 공간을 구체적인 할 일로 채워 나가는 치료법'이죠. 한가한 시간이 지나치게 많으면 마음의 병이 생긴다는 사실에 기인한 요법입니다. 보통 사회인들은 노동을 하거나 가족을 돌보는 등 '해야 할 일'들을 하고, 그것은 살아가는 보람과 희망이 되어 삶의 활력으로 이어집니다. '아무 일도 하지 않는 것'이 증상을 악화시키는 요인이 될 수 있다는 뜻이죠. 물론, 마음의 병에만 국한된 이야기는 아닙니다. 다리와 허리를 다쳤다고 꼼짝도 하지 않으면 증상이 호전될 리 없겠죠.

제가 히가시카코가와 병원에서 일하는 것은 비단 수입 때문만이 아닙니다. 정신과 의사로서 아직 갈 길이 먼 만큼 여전히 배워야 할 것이 많습니다. 다행히 이 병원에 여러 분야의 정신의학 전문가가 수십여 명 포진해 있어서 최신 지식을 쉽게 얻을 수 있죠. 환자가 안심하고 입원할 수 있는 환경이라는 점도 빼놓을 수 없습니다. 히가시카코가와 병원은 제가 자신 있게 내원을 권할 수 있는 정신과 병원입니다. 실제로 아울 클리닉의 환자에게 입원을 권유한 사례도 두 차례 있었습니다. 물론 그분들의 주치의는 제가 맡고 있죠. 주간 병원 근무를 마치고 오사카로 돌아와 야간 진료를 하는 것은 체력적으로 힘든 일이지만, 배울 점이 많은 환경에 감사하고 있습니다. 여기서 얻은 지식들은 분명 아울 클리닉에 큰 밑거름이 될 것입니다.

'밤의 수호신'을 꿈꾸며

아울 클리닉의 '아울OWL'은 '올빼미'라는 의미입니다. 올빼미가 야행성동물이라는 사실은 다들 아시겠죠. 일본에서 올빼미는 '고생하지 않는다不苦勞' '복이 온다福來郎'는 뜻의 한자로도 표기할 만큼, 오랫동안 행운의 동물로서 사랑받아 왔습니다. 일본 외에도 올빼미를 '숲의 수호신'이라 부르며 귀하게 여기는 나라가 많죠. 그래서 저는 환자들에게 '밤의 수호신'이 되고 싶다는 마음을 담아 아울 클리닉이라는 이름을 지었습니다.

'어? 뭔가 이상하다, 상태가 안 좋아' 하고 자각한 시점에 곧바로 적절한 치료를 받을 수만 있다면 증상은 그리 심해지지 않을 것입니다. 아울 클리닉은 '증상이 악화되어 사회생활을 몇 년씩 못하게 된 후에야 후회하는 사람이 단 한 명이라도 적어지면 좋을 텐데. 내가 할 수 있는 일이 뭘까?'라는 생각 끝에 나온 답이었습니다. 개원한 지 꼬박 5년이 되자 '숲의 수호신'이라는 별명을 가진 올빼미처럼 저에게도 '밤의 수호신'이라는 별명이 생기기 시작하더군요.

지금이야 하룻밤 평균 열다섯 명 정도의 환자를 진찰하고 있지만 개원 직후 한동안은 병원을 찾는 사람이 거의 없었습니다. 하루에 한 명 올까 말까 한 상황이었으니, 평균으로 치면 영점 칠팔 명 정도였겠죠. 처음부터 완전예약제였기 때문에 예약 없이 무작정 찾아온 사람이 있으면 "누구세요? 여기는 어떻게 오셨나요?" 하고 깜짝 놀라기도 했습니다(지금 생각해 보면 꽤 실례되는 질문이었지만요). 상황이 그렇다 보니 개원하고 나서 몇 개월 동안은 저 혼자 접수 업무까지 도맡아 했습니다. 간호사도, 사무원도 없었지만 '하루 한 명씩이라도 환자가 오면 송년회를 하자'는 것이 초반의 목표였죠.

1년이 지나자 하루 평균 방문자 한 명을 달성했고, 직원도 늘어 다 함께 송년회를 열었습니다. 그다음 목표는 하루 세 명이 오면 '하리쥬(아울 클리닉에서 아주 가까운 곳에 있는 오래된 고깃집)'에서 송년회를 하는 것이었죠. 당시에는 그 가게에서 회식을 하는 일이 멀고 먼 꿈처럼 느껴졌지만 개원 2년째 되던 해 연말에 하루 평균 방문자 세 명을 달성해, 약속대로 그곳에서 직원들과 송년회를 했던 것이 좋은 추억으로 남아 있습니다.

이후에는 '밤에만 문을 여는 정신과'의 존재가 조금씩 알려지기 시작했습니다. 감사하게도, 미디어에도 소개되었죠. 2016년과 2017년은 아울 클리닉에게 있어 '미디어의 해'였다고 해도 과언이 아닙니다. 오사카·간사이 TV와 신문을 통해 전국에 알려졌죠. 단번에 인지도가 상승한 데에는 확실히 미디어의 힘이 컸습니다. 특히 2016년 NHK 오사카 방송국이 제작한 〈간사이 핫 시선〉이라는 지역정보 방송에 소개되고부터는, 오사카 근처뿐 아니라 먼 곳에서 일부러 찾아오는 환자도 늘었습니다.

NHK 방송을 봤다면서 규슈에서부터 찾아온 한 어르신이 아직도 기억에 남습니다. 진료 시간이 되기 전부터 입구 앞에서 졸며 기다리고 계시더군요. 그분은 제 얼굴을 보자마자 "선생님, 저 좀 살려 주세요!"라며 매달렸습니다. 이야기를 들려달라고 했더니 "환각에, 환청 증상까지 있어서 너무 괴롭고 힘들어요. 어떻게 해야 될지 모르겠어요"라며 고통을 호소하셨죠. 진료 중에도 환청을 듣고 대답을 하거나 어딘가에 말을 걸기도 했습니다. 그는 결국 전형적인 '조현병'이라는 진단을 받았고 치료를 위해 히가시카코가와 병원에 입원했습니다. 치료가 쉽지 않은 환자였지만 TV를 보고 병원에 가야겠다고 용기를 내준 사람이 있다는 것만으로도 미디어에 감사하고 있습니다. 솔직히 말하면, 소개된 것에 비해 생각만큼 큰돈을 벌고 있지는 않습니다. 개원 당시에는 그야말로 사비를 털어 운영했고 오랫동안 적자가 계속되다가 요즘

들어 간신히 흑자로 돌아선 정도죠. 너무 이상적인 말일지도 모르지만 이윤을 목적으로 시작한 병원이 아니기 때문에 더 많은 미디어를 통해 아울 클리닉의 존재가 알려져, 마음의 병에 아파하면서도 선뜻 병원 문을 두드리지 못하는 이들을 한 명이라도 더 도울 수 있다면 그것으로 만족합니다.

원래대로 돌아가진 못하더라도

평일에 저는 아침 일찍부터 밤늦게까지 일을 하는데요. 지금부터는 어떻게 이런 생활을 계속할 수 있는지, 왜 이렇게까지 아울 클리닉을 고집하는지에 대해 이야기해 보겠습니다.

저는 1984년 7월 30일, 효고현 고베시에서 태어났습니다. 아버지는 암 전문의, 어머니는 공중위생의로, 지금도 현역으로 일하고 계십니다. 부모님이 의사인 집안에서 자랐기 때문에 어려서부터 자연스럽게 병원과 병, 건강에 관해 보고 들을 기회가 많았습니다. 어느 날엔가는 지방에 있는 병원에서 당직 중이던 아버지를 찾아갔었죠. 당직실 냉장고에는 사무원들이 당직자를 배려해 넣어 둔 캔 맥주가 있었는데, 엄격한 아버지는 한 방울도 입에 대지 않았습니다. 어렸던 저는 하얀 가운 차림으로 어둑어둑한 당직실을 지키던 아버지의 모습을 보며 '의사는 참 멋진 직업이구나' 하고 생각했습니다. 부모님은 장남인 저에게 의사가 되라고 한 적이 한 번도 없지만, 저는 당연하다는 듯 어른이 되면 의사가 되겠다는 꿈을 꿨습니다.

처음부터 정신과 의사가 되겠다고 정한 것은 아니지만 고향에서 고등학교를 다니며 의사를 지망했던 시절부터 이미 야간 병원에 대한 구상을 시작했죠. 그런데 안타깝게도 의대에 갈 만큼 성적이 좋지 않다는 사실을 고3 때 깨달았습니다. 의대를 단념한 채 건축학과에 지원했으나 결과는 불합격이었습니다. 결국 재수를 하게 된 저는 마음을 독하게 먹고 재수학원에 들어가 공부에 전념했습니다. 그 후 성적이 눈에 띄게 향상되었고 '역시 의대밖에 없다'는 생각으로 나라현의 현립 의과대학 시험에 응시했죠. 다음 해, 마침내 합격을 거머쥐었습니다.

만약 입시 첫해에 건축학과에 붙었다면 지금의 저는 전혀 다른 삶을 살고 있겠죠. 한번 빠지면 완전히 파고드는 성격이니, 어쩌면 지금쯤 일급 건축사가 되어 활약하고 있을지도 모릅니다.

정신과 의사를 목표로 하던 의대 시절에도 공부만 하지는 않았습니다. 테니스와 서핑에도 열중했죠. 어린 마음에 여성들의 관심을 끌고 싶었습니다. 테니스를 잘 치는 사람은 특히 인기가 많았기 때문에 죽어라 연습해서 코칭을 부탁받을 정도의 실력이 되었습니다. 자화자찬이지만 실제로 꽤 인기가 있었던 것으로 기억합니다.

갑작스레 찾아온 큰 병,
열 시간에 걸친 대수술

의대를 졸업한 후, 저는 오사카부 제생회 노에 병원(오사카시 조토구)의 레지던트가 되었습니다. 정신과 의사로서의 독립을 꿈꾸며 일하기 시작했죠. 그러던 제게 예상치 못한 운명의 날이 다가왔습니다. 2012년 3월 27일, 레지던트 생활이 끝난 직후였습니다. 일하는 사람들을 위한 밤의 병원을 오픈하기 위해 본격적으로 준비하고 있던 시기였죠. "올겨울 마지막 홈 파티를 즐기자!"라며 친구 집에 모여 전골요리에 술을 마시던 중이었습니다.

'왠지 모르게 머리가 아프네. 시원하게 원샷을 하면 좀 나아지려나?' 이런 생각으로 잔을 비웠더니 잠시 후 방망이로 뒤통수를 쾅! 하고 두들겨 맞은 것 같은 통증을 느꼈습니다. 한 번이 아니라 연타로 쾅, 쾅, 쾅! 극심한 고통을 느꼈죠. 그러고는 옆에 있던 친구의 발밑으로 픽 쓰러져 버렸습니다.

당시에는 무슨 일인지 알지 못했고, 이후의 기억은 없습니다. 한순간에 의식을 잃었던 모양인데, 친구가 기도를 확

보해 응급처치를 해 준 사실을 나중에야 알았습니다. 아주 순식간에 일어난 일이라 같이 있던 사람들 모두 몹시 놀랐을 것입니다. 그 자리에 순환기내과 레지던트가 함께 있었던 것이 불행 중 다행이었죠.

저를 덮쳤던 병은 지주막하출혈*. 알고 보니 선천적으로 뇌동맥류**를 일으키기 쉬운 체질이었고, 그날 파열이 되고 만 것이었습니다. 무려 10시간에 걸친 대수술이었다고 합니다. 그때까지 딱히 큰 병에 걸린 적도 없었는데, 인생은 정말 한 치 앞을 알 수 없더군요. 공교롭게도 그 전날 지주막하출혈로 병원에 온 응급 환자를 진찰했던 터라 '어쩌다 한순간에 이런 입장이 됐지?'라는 생각이 들었습니다.

저는 고베시립 의료센터 중앙시민 병원(고베시 주오구)에 긴급 입원했습니다. 지주막하출혈은 발병 시 30퍼센트 정도가 사망에 이른다고 알려져 있습니다. 재출혈이 일어나는 케이스도 많은데 그럴 경우 살아남을 확률이 반으로 줄죠. 저도 입원 중에 재출혈이 일어나 죽을 고비를 겨우 넘겼습니

*　뇌의 지주막 아래 공간에 뇌출혈이 일어나는 질환
**　뇌혈관 벽에 미세한 균열이 생기고 비정상적으로 부푸는 혈관 질환

다. 다행히도 뇌신경외과 부장이신 사카이 노부유키 선생님
(NHK〈프로페셔널, 일의 방식〉에도 소개된 적 있는 일본 최고 수준의 뇌신
경외과 의사)에게 수술을 받아 목숨을 건질 수 있었죠. 정말이
지 운이 좋았습니다. 덕분에 늘 선물받은 삶을 사는 기분입
니다.

지주막하출혈에서
살아 돌아온 후

목숨은 건졌지만 뇌세포의 약 6분의 1이 죽었습니다. 의식이
돌아온 후 몸 왼쪽에 감각이 없다는 사실을 알았을 때는 '아,
이제 난 끝났구나' 하는 생각이 들었죠. 재활 결과, 몸의 움직
임은 많이 나아졌지만 그래도 건강한 일반 사람들에 비하면
둔합니다. 왼손은 지금도 전혀 움직이지 못하고요. 왼쪽 반
신마비와 주의장애가 남아 '편측공간무시(한쪽의 공간 인식이 부
정확하거나 느림)' 증세가 있습니다. 몸의 왼쪽에서 일어나는 일
들을 곧바로 파악하지 못하죠.
　수술 후에는 쭉 병상에 누운 채로 고베시립 의료센터 중

앙시민 병원과 고베 재활 병원(고베시 기타구) 두 곳에서 여덟 달 동안 입원 생활을 했습니다. 처음에는 혼자 일어서지도 못해 깊은 절망에 빠져 있었습니다. 한 달 후에는 휠체어로 이동할 수 있게 되었지만 그마저도 자유자재로는 탈 수 없어 오른손과 오른발로만 조작해야 했죠. '원래대로 돌아가진 못하더라도, 내 발로 걷고 싶다'는 마음으로 스스로를 채찍질하며 최선을 다해 재활운동을 했습니다. 친구와 동료들의 도움과 응원이 없었다면 혼자 걸을 수 있을 만큼 회복하지 못했을 것입니다. 모두에게 진심으로 감사하고 있습니다.

지주막하출혈로 쓰러진 지 1년 반이 지난 2013년 10월. 저는 마침내 정신과 병원인 사카모토 병원(오사카부 히가시오사카시)의 비상근 의사로 복귀할 수 있었습니다. 입원해 있는 동안은 좀처럼 긍정적인 생각을 할 수 없었지만 그 경험 덕분에 환자들의 마음을 이해하게 되었습니다. 병에 걸리고 나서야 비로소 깨달은 점도 많으니 의사로서는 재산을 얻은 셈이죠. 물론 시간이 꽤 지난 후에야 든 생각이지만요.

"아프기 전과 후의 다른 점은 무엇인가요?"라는 질문을 종종 받습니다만, 일상생활과 평범한 행동을 하는 데 있어

특별히 주의하는 점은 없습니다. 꼭 뇌동맥류가 재발하지 않아도 정기 검사를 받는 정도죠. 밥도 보통 사람과 똑같이 먹고 술도 자유롭게 마십니다. 다만, 재활운동을 겸해 출퇴근길에 걷는 등 관리는 꾸준히 하고 있습니다. 크게 무리하지 않는 선에서 가능한 일을 하는 것이죠.

기본적으로 고집스러운 면이 있어 상황에 쉽게 휘둘리는 타입은 아니지만, 딱 한 번 샤워를 하다가 '내가 꿈꾸던 삶은 이런 게 아닌데……' 하는 생각에 눈물을 쏟았던 적이 있습니다. 지금도 여전히 신체 일부를 움직일 수 없어 불편하기는 합니다. 그러나 더 이상 울지는 않습니다. 걷는 것만으로도 행운이라고 생각하니까요. 어려운 일이 많지만 '할 수 없는 일'이 아닌 '할 수 있는 일'에 초점을 맞추면 됩니다. 요즘은 장애가 있다는 사실을 잊을 때도 많습니다. 어쩌면 아울 클리닉의 환자, 직원들과 늘 함께하고 있기 때문일지도 모르겠네요. '장애는 불편할 뿐, 불행한 것은 아니다'라는 사실을 몸소 실감하고 있습니다.

'할 수 있는 일'에
초점 맞추기

총 여덟 달의 입원 생활 동안 필사적으로 재활해 정신과의 비상근 의사로 복귀한 후부터, 저는 아울 클리닉 개원을 위해 움직이기 시작했습니다. 사카모토 병원을 시작으로 오사카의 여러 의료 기관에서 근무했죠. 정신과 병원인 이즈미오카 병원(오사카부 이즈미시)에서는 상근 의사로 일하고, 알코올의존증 전문 병원인 고스기 기념 병원(당시 오사카부 가시와바라시)에서는 비상근으로 알코올의존증 전문 외래를 담당했습니다. 국립병원기구 오사카 미나미 의료센터 부속 간호학교(오사카부 가와치나가노시) 비상근 강사(정신의학)를 거쳐, 야오토쿠슈카이 종합병원(오사카부 야오시)에서 리에종 정신의학에 힘쓰는 등 다양한 의료 활동을 통해 자금을 마련하고 2014년 7월에 아울 클리닉을 열었습니다.

현재는 앞서 말했듯이 히가시카코가와 병원에서 주간 상근을 하고 있습니다. 근무를 끝내면 저녁을 대충 때우고 밤 11시까지 아울 클리닉에서 진료를 하는데, 이런 하드 스케줄을 매일 지장 없이 소화해 내려면 체력이 뒷받침되어야 합니다. 몇 년 전부터 휴일마다 스포츠센터를 다니며 근력 트레이닝을 하는 이유가 여기에 있죠. 개인 트레이너까지 고용해 본격적인 근력 트레이닝 메뉴를 짜서 운동합니다. 가끔씩 비명을 지르고 싶을 정도로 힘들 때도 있지만, 꾸준하게 열심히 하다 보니 체력과 근력이 조금씩 붙고 있습니다. 체력 증진의 일환으로 특기였던 테니스도 다시 시작했습니다. 병으로 쓰러지기 전에는 플레이어로서 이기는 것에만 집착했었는데 지금은 테니스를 칠 수 있다는 사실 자체를 즐기고 있습니다. 테니스는 주 1회 정도의 페이스로 꾸준히 하고 있습니다.

나만이 할 수 있는 진료

"왜 그렇게까지 아울 클리닉을 고집하세요?"라고 묻는 분들이 많은데요, 남들 눈에는 대단한 의도를 가지고 하는 엄청난 일처럼 보일 수도 있지만 사실 저에게 그렇게 원대한 뜻이 있는 것은 아닙니다. 제가 아울 클리닉을 고집하는 이유,

그것은 스스로도 장애를 안고 있는 정신과 의사로서 저만이 할 수 있는 진료가 있다고 믿기 때문입니다. 평일에는 아침부터 심야까지 정신과 의사로 근무하고, 일할 때 필요한 체력을 갖추기 위해 휴일마저 반납하는 생활……. 주간의 병원 업무만 하면 체력적으로도 편하고 시간 여유도 생기겠죠. 하지만 제게 의지하는 사람들이 있는 한, 아울 클리닉에서의 진료를 멈출 수 없습니다.

제게는 사람을 돕고 싶다는 강한 욕구가 있습니다. '과연, 환자에게 도움이 되고 있는가?' 하는 불안 속에서 늘 스스로에게 질문을 던지죠. 의사로서 도움이 되지 못한다면 저의 경험은 아무런 쓸모가 없어집니다. 그래서는 죽음의 문턱까지 갔다 살아온 의미가 없죠. 역설적이지만, 어려움을 호소하며 제게 의지하는 사람들이 오히려 저를 돕고 있는 것인지도 모릅니다. 힘들어하는 사람들이 있기 때문에 비로소 제가 필요한 존재가 되고, 그것이 제 정체성을 지켜 주는 것이 아닐까 생각합니다. 그러니 제게 의지하는 이들에게 답할 수밖에 없습니다.

제가 할 수 있는 것이 뭘까 생각한 결과, 찾아낸 답이 바로 아울 클리닉입니다. 고등학생 시절부터 일하는 사람을 위한 야간 병원을 구상하고 있었고, 정신과 의사를 꿈꾸다 지주막하출혈로 쓰러진 후, 제 몸조차 자유롭게 움직이지 못하는 상황에서 나름의 변화와 성장을 거듭했기 때문에 비로소 지금에 도달할 수 있었습니다.

어서 오세요, 아울 클리닉에

지금껏 정신과를 경험한 적이 없는 분들도 대충 어떤 치료가 이뤄지는지 파악할 수 있도록, 이 장에서는 아울 클리닉의 진료 방식을 소개해 보겠습니다.

아울 클리닉이 일반적인 정신과와 다른 점이 있다면 초진에 1시간, 재진에 30분씩 충분한 시간을 들여 진료를 한다는 것입니다. 몇 분 만에 진료를 끝내고 약만 처방해 주는 병원도 많은 것이 실상이라, 이런 방법을 취하는 곳은 매우 드뭅니다.

첫 번째 질문,
성장 과정과 가정환경

첫 번째 진료에서는 환자의 현재 상태와 함께 자라 온 과정이나 가정환경에 대해 묻습니다. 마음의 병은 부모가 심어 놓은 '나는 이렇게 되지 않으면 안 된다'는 강박에서 비롯되는 경우가 대부분이기 때문입니다. 특히 여성들은 모자 관계에 문제가 있는 케이스가 두드러집니다. 가령, 아빠에 대한 애정이 식은 엄마에게서 "저 인간이랑 결혼한 게 잘못이야. 그래도 부모니까 널 키워야 된다는 책임감 때문에 이혼 못 하는 거지"라는 말을 듣고 자란 여성은 어른이 되어서도 '엄마와 아빠가 헤어지지 못한 것은 내 탓이야'라는 자책과 함께 '나는 방해가 되는 존재'란 생각이 잠재의식 깊숙이 박혀 있습니다.

심리학에서는 아이가 자라 성숙한 어른이 되기까지, 마음 속에 다음과 같은 세 종류의 '자기상自己像'이 있어야 한다고 말합니다.

① 아버지

② 어머니

③ 친구

이는 정신과 의사 하인츠 코헛이 제창한 이론입니다. ①은 사회성이나 논리적 사고력, 주변 사람에 대한 위엄을, ②는 애정과 다정함, 주변 사람에 대한 배려를, ③은 자기와 같은 연약함을 지닌 불완전한 인간성을 표상합니다. 이 세 가지가 인격 안에 균형 있게 존재할 때, 사회의 다양한 현상과 사건에 맞서 적절한 행동을 취할 수 있게 됩니다. 하지만 성장 과정에서 이들이 제대로 자리 잡지 못한 채 나이를 먹으면 주위와의 관계가 삐걱거리기 시작하죠. 자기 자신과도 타협할 수 없게 되어, 그 결과가 마음의 병으로 나타납니다.

친구 같은 의사

앞서 아울 클리닉을 찾는 환자 중에 친구 같은 교류를 원하는 분들이 많다는 이야기를 했었는데요. 현대사회에서는

SNS를 포함한 온라인상의 소통이 활발하게 이뤄지고 디지털 인간관계가 증가하는 한편, 현실적인 대면 커뮤니케이션이 이전보다 적어지고 있습니다. 이직이 잦아지고, 회식 등의 행사도 줄면서 직장 생활을 통한 지속적인 관계 형성도 어려워졌습니다. 오랫동안 혼자 지낸 사람들은 일상생활에서조차 소통할 기회가 없습니다. 편의점 직원과 나누는 "도시락 데워 드릴까요?" "네" 정도의 이야기가 대화의 전부인 경우도 수두룩합니다. "오늘 회사에서 이런 짜증 나는 일이 있었어" "길에서 별 황당한 놈을 다 봤다니까?!"라고 푸념을 늘어놓는 것만으로도 정신적인 부담은 훨씬 적어집니다. 하지만 이런 식의 사소한 대화를 나눌 상대마저 없는 사람들이 늘고 있는 것이죠. 그렇기 때문에 저와 직원들은 환자들과 친구 같은 관계를 구축하기 위해 의도적으로 노력하고 있습니다. 동아리 활동 같은 감각을 유지해야 하는 이유 중 하나죠.

저는 연세가 저보다 훨씬 많은 분들이나 반말을 불편해하는 환자에게 정중한 존댓말을 씁니다만, 초면이 아닌 재진 환자들을 만나면 "컨디션은 좀 어때?"라고 묻기도 합니다.

젊은 사람들과는 이런 식으로 친숙하게 대화하는 게 거리를 좁히는 데 도움이 되기도 하는 것 같습니다. 저와 직원들이 좋은 의미의 친구가 된다면 환자들이 다시 아울 클리닉을 찾아 줄 것이고, 병원 밖에서 만나는 주변 사람들과의 관계도 조금씩 나아지지 않을까요.

지금 상태는 10점 만점에 몇 점인가요?

꼭 초진에만 하는 질문은 아니지만, 환자를 진료할 때 반드시 물어보는 것이 있습니다. "지금 상태를 점수로 나타낸다면 10점 만점에 몇 점 정도인가요?"라는 질문이죠. 병증을 구체적인 말로 표현하기는 어려워도 수치화하면 객관적으로 파악할 수 있게 됩니다.

당연한 말이지만 정신과에 오는 사람들은 다양한 고민과 괴로움에 힘들어하고 있습니다. 현재 상태를 일목요연하게 설명할 수 있는 환자는 매우 드물죠. 그저 떠오르는 대로 맥락 없이 이야기하는 사람이 많습니다. 증상에 대해 본인이 이야기하고 싶은 대로 말하게 내버려 두고 잠자코 듣다 보면 어떤 이야기를 진단에 활용해야 할지 좀처럼 파악하기가 어렵습니다. 환자 자신이 매긴 점수를 스스로 보고하는 일은 가려진 진실을 드러나게 해 바람직한 진단을 내리는 데 큰 역할을 합니다.

증상이 심하면 심할수록 얼른 어떻게든 해 주기를 바라는 것이 인지상정입니다. 환자들 입장에서는 무조건 "이것도 괴롭고 저것도 힘들어요"라고 호소해야 빨리 치료를 받는다고 생각하는 것도 당연하죠. 그런가 하면 증상이 위중해서 전혀 설명을 하지 못하는 환자도 있습니다.

어느 쪽이든 마법처럼 한순간에 나을 수는 없습니다. 제 입장에서는 일단 환자가 "5점입니다"라고 답해 주면 제일 힘든 점이 무엇인지 그 범위를 좁히기가 쉬워집니다. 증상 때문에 괴로워하면 약을 처방하고 치료를 진행합니다.

"10점 만점에 몇 점입니까?" 진료 중 제가 이 질문을 던지면 대부분의 환자는 "대답하기 쉽지 않네요"라고 답하면서도 머릿속으로는 이런 생각을 합니다. '0점은 너무 낮고, 5점 정도 아닐까?' 이렇게 생각하는 것 자체에 의미가 있습니다.

만약 2점이라고 답하면 "어떻게 하면 5점까지 올릴 수 있을까요?" 하고 환자에게 묻습니다. 무엇이든 목표를 한 가지 정해 두지 않으면 환자들도 이런저런 괴로움을 털어놓는 사이 뭘 어떻게 해야 할지 갈피를 못 잡게 됩니다. 이런 문제를 방지하기 위해 점수를 매기는 것이죠. 본인이 자각하지 못하는 증상을 파악하는 효과가 있을 뿐더러 치료 목표를 설정하는데도 도움이 됩니다.

회복의 척도는 8점

환자가 말하는 점수는 의사가 치료의 계속 여부를 판단하는 유용한 척도가 됩니다. 환자가 주관적으로 매기는 점수이기 때문에 진료할 때마다 점수가 올라간다면 그것은 곧 자기평가가 높아졌음을 의미합니다. 불면증(수면장애)으로 고생하던 한 환자의 예를 들어 보겠습니다. 잠을 자지 못하던 시기에 그가 매긴 점수는 1점이었습니다. 하지만 8점이라고 답할 수 있게 된 즈음부터는 오랫동안 그를 괴롭히던 불면증이 눈에 띄게 호전되었고, 지금은 콧노래를 흥얼거리며 좋아하는 요리를 만들 정도가 되었습니다.

이런 사례도 있습니다. 우울증 때문에 처음으로 정신과를 찾았던 한 환자는 클리닉에 들어서는 순간부터 어두운 분위기를 물씬 풍겼습니다. 하지만 치료가 진행됨에 따라 서서히 경계를 풀었고, 저나 직원들과 대화하는 일이 많아졌죠. 첫 진료 때 2점이라고 답했던 그가 8점이라고 말할 때쯤에는 아주 밝고 긍정적인 성격으로 바뀌어 있었습니다.

그렇다고 해서 '8점이 반년 이상 계속되면 치료를 완료한다(병의 증상이 거의 사라진 상태를 관해寬解라고 부릅니다)'고 정해둔 것은 아닙니다. 하지만 하나의 유의미한 지표가 되는 것은 확실합니다. 저는 10점 만점에 7~8점이라고 대답하면 양호한 편이라 생각합니다. 시험도 한 과목에 70~80점을 받으면 합격할 가능성이 충분히 있습니다. 전 과목 100점을 목표로 완벽을 추구하다 보면 오히려 학습 능률이 떨어져 총점을 따진 결과 불합격이 될 가능성이 있죠. 정신질환 증상 역시 70~80퍼센트의 상태만 되어도 나쁘지 않다는 생각을 가져야 합니다. 그러지 않으면 '조금 더'라는 욕심으로 약을 늘리다 부작용으로 증상이 악화되기 쉽습니다. 8점이라고 대답할 즈음에는 환자 자신도 이전보다 자신감을 가지고 미소를 지을 수 있게 될 것입니다.

죽지 않기로
약속하기

언제부터 상태가 안 좋아졌는지 파악하는 것은 진찰 과정에서 중요합니다. 앞서 언급했듯 첫 진료 시에는 1시간 동안 그 사람의 성장 과정과 가정환경에 대한 이야기를 듣는데, 내용을 보면 '상실경험'을 계기로 우울증이 발병하는 패턴이 많습니다. 소중한 사람과의 사별, 헤어짐 등이 대표적이지만 지금껏 살아온 터전에서 멀어지거나 평사원에서 임원직으로 출세하는 등 자신이 속한 환경이 크게 변하는 것도 우울증의 계기가 됩니다. 일본인들은 참는 데 익숙해 스스로 무리한다는 사실을 깨닫지 못하고 새로운 환경에 적응해 자연스럽게 어우러지려 노력합니다. 그러는 사이 증세가 심각해지는 것이죠.

'뭔가 좀 이상한데?'라는 느낌이 들었다면 반드시 그렇게 된 원인이 있을 것입니다. 언제부터 상태가 악화되었는지, 그즈음에 뭔가 상실감을 느낄 만한 사건은 없었는지 되돌아볼 필요가 있습니다. 우울증이 심화되면 '희사염려希死念慮', 즉 죽음을 바라는 증상이 나타날 수 있습니다. 그것도 아주 느닷없이 말이죠. 어제까지 아무렇지 않게 대화하던 사람이 갑자기 달리는 전철에 몸을 던지거나 빌딩 또는 아파트에서 뛰어내리는 사건이 왕왕 발생합니다. 물론, 본인의 의도와는 전혀 무관하게 일어나는 일입니다. 바로 이것이 희사염려의 무서운 점이죠.

제가 우울증 진단을 내린 환자는 반드시 저와 죽지 않기로 약속을 해야 합니다. 이것은 매우 중요한 포인트입니다. 의사가 희사염려를 확인했다는 점, 자살 예방으로 이어질 수 있다는 면에서 의미가 있습니다. 실제로 한 환자는 희사염려가 나타났을 때 저의 얼굴이 떠올라 '그래, 선생님과 죽지 않기로 약속했잖아!'라는 생각으로 자살 충동을 이겨 낸 경험이 있다고 말해 줬습니다.

이런 이야기를 들으면 '꽤나 엄격한 분위기에서 약속을 했나 보다' 하고 생각하겠지만, 사실은 그렇지도 않습니다.

기본적으로 환자와 즐겁게 대화하려고 노력하는 편인데, 그 과정에서 이뤄진 약속이라 자연스럽게 머릿속에 남는 것 같습니다. 상실경험 등 우울증에 걸린 계기를 알면 회사염려가 나타날 가능성이 낮아집니다. 본인 역시 보다 적극적으로 해결하려는 자세를 갖게 되고요.

나무 그림으로
심리 상태 들여다보기

처음으로 진료를 받는 환자에게 꼭 요청하는 것 중 하나가 '바움 테스트'입니다. 하얀 종이에 나무(독일어로 Baum) 그림을 그리게 하고 이를 통해 심리 상태를 확인하는 방법으로, 심리학자 코흐가 고안한 테스트죠. 사람을 볼 때보다 나무를 볼 때 내면이 더 잘 드러나기 때문에 저는 이 테스트를 적극 활용하고 있습니다.

바움 테스트는 환자 자신도 언어화하지 못할 정도로 깊숙한 곳에 숨겨진 심리를 파악하는 데 그 목적이 있습니다. 성장 과정과 가정환경에 대해 물어도, 프라이버시와 관련된 이야기는 입 밖에 한마디도 내지 않는 환자가 적지 않으니까요. 이런 경우 '말할 수 없을 정도로 중요한 뭔가'가 마음 깊숙이 숨겨져 있기 때문에 '말하지 않는 것'일 가능성이 큽니다. 사람에 따라서는 어린 시절 학대를 받았던 트라우마 때문에 기억 자체가 봉인되어 생각이 안 날 수도 있습니다. 이때 바움 테스트를 활용하면 말로 표현할 수 없는 마음의 상태를 들여다볼 수 있죠.

환자의 그림은 그 사람의 첫인상보다 더 많은 것을 보여줍니다. 진심 어린 대화를 한참 나눠야만 알 수 있는 깊은 내면과 밀접하게 이어져 있기 때문에 진단의 재료로 참고할 가치가 있습니다. 예컨대 겉모습은 불량해 보이지만 막상 대화를 나눠 보면 섬세한 성격을 가진 사람들이 있죠? 그런 사람들의 진짜 얼굴을 그림이 표현해 주는 것입니다.

기분이 무겁게 가라앉은 우울 상태의 환자 한 명은 흰 종이 가득, 나뭇가지가 바싹 마른 음울한 느낌의 검은 나무를 그렸습니다. 하지만 치료를 계속해 그의 상태가 호전되자 나무는 잎이 우거지고 열매가 달린 근사한 모습으로 변했습니다. 하늘에 떠 있는 태양, 날아다니는 새 등도 더해졌죠. 이처럼 그림에는 그린 사람의 심리 상태가 고스란히 드러납니다.

처음 진료를 받는 환자에게 백지를 건네고 "나무를 한 그루 그려 주세요"라고 부탁했을 때의 반응은 사람마다 다릅니다. "어?!" 하고 놀라는 사람, 그림을 못 그린다고 떨떠름해하는 사람도 있고 다른 정신과를 다녀 본 사람은 "아, 또 이거야……"라며 지겹다는 표정을 짓기도 합니다. 저는 그 모든 반응을 즐기고 있습니다.

환자가 그리는 나무는 모두 제각각입니다. 그림 실력은 상관없습니다. 어떤 사람들은 아무리 봐도 나무로 보이지 않는 그림을 그리기도 하죠. 줄기 없이 잎사귀만을 그리거나 그냥 한자로 '나무 목木'을 쓰는 경우도 있습니다.

다양한 면에 주목하기

그렇다면 정신과 의사들은 그림의 어떤 부분을 눈여겨볼까요. 저는 나무의 크기, 나무를 그린 장소와 위치는 물론, 종이의 방향을 가로로 놓았는가 세로로 놓았는가, 그림 속 땅의 상태가 평평한가 아니면 바위나 돌이 있는가, 뿌리가 뻗어 있는가를 포함해 줄기의 두께와 높이, 잎사귀의 모양과 양, 가지의 형태, 열매의 유무까지 두루 살핍니다. 이것을 통해 무엇을 알 수 있을까요?

나무의 크기가 클수록 자신감이 넘치고 적극적인 성격으로, 작을수록 자신감이 부족하고 소극적인 성격으로 판단합니다. 잎사귀의 모양으로는 공격성의 유무를 엿볼 수 있으며, 나무에 열매가 달려 있을 경우 미숙한 성향이 두드러질 가능성이 있습니다. 그리는 속도도 확인합니다. 그림 그리기에 신속하게 착수해 쓱쓱 그려 나가는 사람은 성격이 급하고 충동적인 경향이 있고, 반대로 시간을 들여 천천히 그리는 사람은 느긋하고 신중한 성격일 확률이 높죠. 오싹할 정도로 기분 나쁜 나무를 그리는 사람은 조현병이나 발달장애를 의심해 봐야 합니다. 반면 튼튼하고 우직한 나무를 그리는 사람은 예후가 좋은 경향이 있습니다. 현실 검토 능력을 갖추고 있다는 증거이기 때문에 치료를 하면 호전될 것이라 기대할 수 있죠.

그림은 그 사람의 내면과 연결되어 있습니다. 괴이한 나무를 그리는 사람일수록 마음속에 어둠을 안고 있을 확률이 높죠. 지극히 평범한 외모에 가려져 있던 섭식장애를 그림을 통해 발견하기도 합니다. 특히 주의가 필요한 환자는 나무의 줄기를 검게 칠해 놓은 케이스로, 희사염려와 연관성이 있다고 봅니다. 자살 예방 조치가 필요해지죠. 바움 테스트는 이런 방식으로 자살 방지에 도움이 되기도 합니다.

　　왼쪽에 있는 나무는 조현병을 앓고 있는 30대 여성이 그린 것입니다. '죽어!' '징그러워' 등의 환청에 시달리는 환자로, 검게 칠해 버린 줄기와 윗부분이 희사염려의 가능성을 내비치고 있습니다.

오른쪽은 우울증을 진단받은 20대 남성 회사원이 그린 나무입니다. 나무줄기 윗부분이 없고, 살짝 언덕진 곳에 덩그러니 위치하고 있다는 점에서 고독감이 느껴지며 나무줄기 중간에 있는 옹이구멍을 통해 상처받고 좌절한 경험이 있음을 예상할 수 있습니다.

바움 테스트와 직접적인 관련은 없지만 환자의 겉모습과 의상도 주의 깊게 보고 있습니다. 외모와 옷으로도 심리 상태를 어느 정도 짐작할 수 있기 때문이죠. 제일 먼저 체크하는 것은 옷의 색상입니다. 옷 색깔에는 그 날의 기분이 투영되는 경우가 많습니다. 컨디션이 양호하고 기분이 좋을 때 하와이안 셔츠를 입는 알기 쉬운 환자도 있죠. 다만 아메리카무라라는 지역 특성상 '우와, 굉장하다!' 싶을 정도로 독특한 디자인과 색상의 옷을 입는 사람들이 워낙 많기 때문에 예외도 있습니다. 머리부터 발끝까지 새까맣게 입고 다니던 환자가 치료가 계속됨에 따라 "사실 제가 진짜 좋아하는 건 빨간색이거든요"라며 다른 색 옷을 입고 등장하기도 합니다. 그런 변화를 지켜보는 것이야말로 저의 즐거움이죠.

정신과의 약 처방은
대증치료일 뿐

구체적인 원인과 증상이 매우 다양하기 때문에 우울증 약을 일률적으로 정리할 수는 없으나 대개 항우울제와 항정신병 약물을 사용합니다. 약에 관한 상세한 설명은 생략하겠지만, 생물학적으로 전자는 세로토닌을 증가시키고 후자는 도파민을 차단하는 역할을 합니다.

3대 신경전달물질이라 불리는 세로토닌, 도파민, 노르아드레날린은 심리 작용에 직접적인 영향을 끼치는 뇌내 호르몬입니다. 간단히 말하자면 세로토닌은 행복과 공감, 도파민은 쾌감과 의욕, 노르아드레날린은 분노와 스트레스에 관여하죠. 일반적으로 뇌에서 도파민이 분비되면 기운이 샘솟으며 들뜬 상태가 됩니다. 하지만 우울증이 심각해지면 기분장애뿐 아니라 환각, 망상과 같은 도파민 관련 병리도 함께 나타날 수 있다고 알려져 있습니다. '어차피 나 같은 건……' 하며 병적으로 자신을 과소평가하는 '미소망상微小妄想' 증세를 일으키기도 하고, 심한 경우 살아가는 의미와 존재 가치를 잃고 회사염려에 빠지기도 합니다. 환각과 망상이 일어나면 도파민이 과잉 분비되고 있다고 보고 항정신병 약물로 도파민을 차단하는 것이 효과적입니다.

정신과의 약물 처방은 기본적으로 대증치료입니다. 약에는 일시적인 불안과 공포, 긴장을 억제하는 효과밖에 없는 경우가 많으며 졸음, 간 손상, 의존성 등의 부작용이 있습니다. 치료에 약을 쓸지 말지는 진료 시 상담을 통해 환자가 결정하도록 합니다. 복용을 원치 않는 분도 있죠. 재진 환자에게는 처방약을 제대로 복용하고 있는지를 확인해야 합니다. 저는 처음부터 약을 먹지 않았다는 것을 전제로 "얼마나 오랫동안 약을 거르셨어요?"라고 묻습니다. "약 잘 드시고 계세요?"라고 물으면 대부분 "네, 먹고 있어요"라고 대답하니까요.

어느 쪽이든 초기에 약을 끊을 시기를 정해 두지 않으면 반영구적인 복용으로 이어질 가능성이 있습니다. 저는 진찰 과정에서 자신의 상태를 7~8점으로 평가하는 기간이 여섯 달 정도 지속되면 슬슬 약을 줄이자고 제안합니다. "재발할 수 있으니 꾸준히 복용하세요"라고 말하는 의사들도 있습니다만, 애초에 100퍼센트 정확한 진단을 했다고는 장담할 수 없기 때문에 긍정적인 상태가 반년이나 계속되면 진단이 틀렸을 단 1퍼센트의 가능성에 대비해서라도 약을 끊는 시도를 할 필요가 있다고 생각합니다.

상담을 통해
마음 깊숙한 곳으로

아울 클리닉에서는 정신과 의사인 저와 임상심리사가 치료 방침을 공유하며, 병설된 '카운슬링 룸'에서 상담을 진행하고 있습니다. 저는 병을 치료하는 의사이기 때문에 환자의 이야기를 의학적으로 분석해 어떤 병인지 진단하고 약을 이용해 증상을 없애는 것이 직업이지만, 그렇다고 약에만 의존하지는 않습니다. 약으로 병의 표면적 증상은 없앨 수 있을지 몰라도 그 사람 내면에 있는 아픔의 원인까지는 제거할 수 없기 때문입니다. 일시적으로 호전되어도 상당히 높은 확률로 재발하죠. 그래서 임상심리학에 근거한 상담으로 환자의 내면에 다가갈 필요가 있다고 생각합니다. 실제로 상담을 거듭하다 보면 그 사람의 생활 리듬이나 인지 왜곡이 개선되어 약에 대한 의존도가 낮아집니다.

상담에도 여러 가지 기법과 이론이 있습니다. 마음의 병은 아주 난해하기 때문에 각 환자에게 맞는 방법을 활용해 다양한 각도에서 종합적으로 접근할 필요가 있죠. 일설에 의하면 삼백 가지에 가까운 상담 방식이 있다고 하는데, 사사키 마사토 선생님은 '브리프 테라피'라는 심리요법을 전문으로 하고 있습니다. '브리프'라는 말을 들으면 하얀색 속옷부터 떠올리는 사람도 있을 테지만 그 브리프(복수형으로 쓰는 속옷briefs)가 아니라, 짧고 간결하다는 뜻의 브리프brief입니다.

브리프 테라피는 문제를 해결하는 방법을 모색하는 데 초점을 맞추는 치료법입니다. 가령 불면증에 시달리는 환자가 있을 때, 잠들지 못하는 원인(직장이나 가정 내 문제 등)을 찾아내는 것도 중요하지만 일단 어떻게 하면 잘 수 있을지 그 해결 방법을 고민하죠. 그렇기 때문에 "왜 잠을 못 자는 것 같아요?(원인 찾기)"라고 묻지 않고 "지금까지 잠들기 위해 어떤 시도를 해 봤나요?(해결을 위한 노력 확인)" "최근 일주일 동안 가장 푹 잔 날은 언제인가요?(예외 찾기)" 등 해결 방법의 힌트가 될 만한 질문을 건넵니다.

쇼핑 중독으로 힘들어하는 사람에게는 쇼핑을 참지 못하는 이유를 묻거나 쇼핑을 그만하라고 설득하는 것이 아니라 "금전적인 측면에서 봤을 때 쇼핑에 얼마 정도 쓰면 적당한 걸까요?"라고 질문한 다음, 그 답변을 통해 "하루 ○○엔으로 생활해 봅시다" 하고 과제를 내 줍니다. 그러다 보면 적응하려 우왕좌왕하는 사이에 과한 쇼핑을 멈추게 되는 경우가 있습니다.

정신과 치료란

아울 클리닉의 환자들은 초진 후 60퍼센트 이상 재진을 받으러 옵니다. 다시 방문한 환자들은 "약을 받는 것보다 선생님과 얘기하는 게 더 좋아요"라는 말을 자주 합니다. 즐겁다는 감정은 치료를 진행하는 데 아주 중요한 요소죠.

치료란 원래 환자가 스스로 컨트롤할 수 있는 일과 그렇게 할 수 없는 일을 구분하는 작업입니다. 저는 환자에게 "그 부분은 어차피 컨트롤이 불가능하니 고민해 봤자 소용이 없겠죠? 이 부분은 본인 생각과 행동에 따라 바꿀 수 있을 테고요"라는 방식으로 접근합니다. 하지만 분명 바꿀 수 있는 일인데도 좀처럼 바꾸지 못하는 환자들이 있습니다. 그런 경우 '사실, 딱히 낫고 싶지 않은 건지도 몰라'라는 방어기제가 작용하고 있을 가능성이 있습니다. 불행한 자신이 좋다는 사람도 있다는 말이죠. 그런 환자들에게는 신속하게 이를 지적해 감정을 컨트롤할 수 있도록 돕습니다. 카운슬링 룸에서는 일상 속의 사소한 고민들에 대한 상담을 진행하고 있습니다. 성향 테스트나 심리 테스트도 하죠. 때론 직장과 가정의 문제도 누군가와의 상담을 통해 해결할 수 있습니다. 괴로움에 빠져 건강한 생활을 영위하기 힘들 경우, 저나 임상심리사가 이야기를 듣고 마음의 병인지 아닌지 판단하도록 돕습니다.

나는 물벼룩 같은 존재

저는 환자들에게 목표를 하향 조정하자고 자주 제안합니다. 일반적으로 인간의 이상은 높기 마련이고, 자신의 실제 레벨이 이에 미치지 못하면 현실과의 괴리에 고통받기 십상이니까요. 자신과 타인을 비난하고 부정적인 감정을 키우며 스트레스에 시달리죠. '난 살아갈 가치가 없다'는 생각까지 하게 됩니다.

본래, 인간은 살아 있다는 것만으로 남는 장사입니다. 어쩔 수 없이 타인과 비교하는 상황이 생기는데, 이때 필요 이상의 비교를 하기 때문에 괴로워지는 것이죠. "그 사람은 나보다 돈을 많이 벌어요" "그 사람은 어쩜 그렇게 일을 잘하는지" 같은 말을 하는 환자들에게는 이렇게 이야기합니다. "저는 스스로를 물벼룩 같은 존재라고 생각해요."

실제로 거대한 우주 앞에 우리는 물벼룩 같은 존재일 뿐입니다. 부자여도, 유명인이어도 마찬가지죠. 우울증을 비롯한 정신질환을 앓다 보면 시야가 극단적으로 좁아집니다. 과거와 미래가 분단되는 시간 감각 속에서 눈앞의 상황밖에 생각할 수 없게 되죠. 유아기에 누군가 기저귀를 갈고, 말을 걸고, 밥을 먹여 줬다는 사실은 전혀 기억하지 못합니다. 자신을 물벼룩 같은 존재라고 생각함으로써 과거와 미래, 우주를 자유롭게 넘나드는 시각을 지니게 되면 주변 사람이나 지금의 자신에 대한 감사함이 싹터 마음이 조금 가벼워질지도 모릅니다.

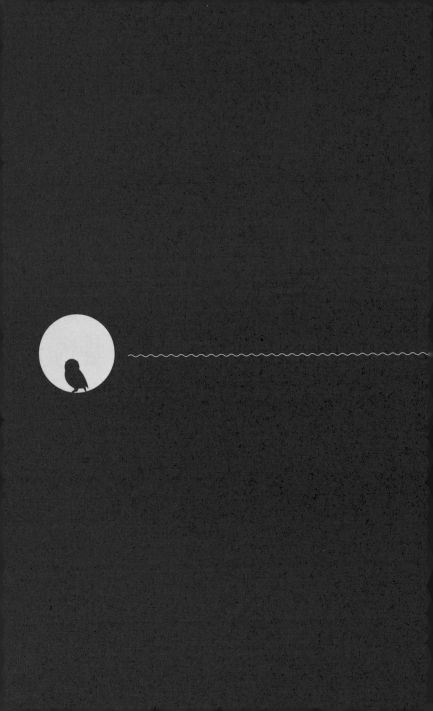

~~~~~~~~~~~~~~~~~~~~~~~~~~ 짙은 어둠을 내려놓기까지

이번 장에서는 실제로 아울 클리닉을 방문한 분들의 사례를 소개하겠습니다. 직업은 물론, 증상도 제각각이며 이에 따른 치료법도 다양합니다. 마음의 병이 있어도 열심히 살아가는 사람들의 존재를 알아주셨으면 합니다. 내용 전달에 영향을 주지 않는 범위 안에서 이름을 가명으로 바꿔 알파벳으로 표기했으며, 에피소드 속 환자의 설정 역시 인물이 특정되지 않도록 일부 변경했습니다.

직장 동료의 괴롭힘으로
우울증에 걸린 독신 여성,
현재 무직으로 부모님과 동거 중

근무 중 느닷없이 터져 버린 오열

A씨는 부모님, 형제들과 함께 본가에서 살고 있는 30대 중반의 독신 여성입니다. 아울 클리닉에 다니기 시작한 지 1년이 다 되어 가는데요. 현재 한 달에 두 번씩 병원을 방문하고 있으며 우울증 증상은 안정기에 접어들었다고 할 수 있습니다. 그녀는 회사에서 일을 하다가 갑자기 펑펑 울어 버린 것을 계기로 아울 클리닉을 찾았습니다.

어느 날 직장 동료에게서 "안색이 너무 안 좋다"라는 말을 들은 순간, 마치 봇물이 터지듯 눈물이 쏟아졌다고 합니다. 주변 사람 모두가 깜짝 놀라 무슨 일이냐고 묻자 그때서야 뭔가 잘못되었다는 느낌이 들었다고요. 이 사건을 알게 된 동생으로부터 "누나, 혹시 그거 우울증 아니야?"라는 말을 들은 A씨는 인터넷 검색을 통해 본인이 우울증 테스트 항목 대부분에 해당한다는 사실을 알게 되었습니다. 그럼에도

"그렇다고 내가 병에 걸린 건 아니지. 누구든지 한 번쯤은 울 수 있잖아"라며 우울증의 가능성을 계속 부정했습니다. 하지만 저는 첫 진료를 시작하는 순간부터 그녀가 우울증을 앓고 있음을 확신했습니다.

A씨에게는 다음과 같은 증상이 있었습니다. 몇 년 전 갑자기 이명이 들려왔고, 그때부터 불면증으로 뒤척이는 밤이 시작되었다고 합니다. 새벽 3시가 넘도록 잠들지 못하는 날들이 3년 정도 이어지며 수면 부족으로 인한 두통, 어깨 결림, 전신 통증을 겪었습니다. 휴일에는 침대에서 일어나지도 못하고 온종일 잠만 잤죠. 예전엔 부모님과 쇼핑도 자주 했지만 그마저도 의욕이 생기지 않았고, 억지로 옷을 갈아입었다가도 결국 다시 잠들어 버렸습니다. 한동안은 단순한 불면증이겠거니 하며 적당히 넘겼지만 마침내 심각성을 느끼고 근처의 심료내과(내과의 일종으로, 심리적 작용으로 인한 내과 질환을 치료한다 - 옮긴이)에 방문했습니다. 진단 결과는 수면장애였는데, 처방 받은 신경 안정제와 수면 유도제를 먹자마자 쓰러지고 말았죠. 그 후로는 시도 때도 없이 '죽고 싶다. 죽어 버리면 이 끔찍한 출근을 안 해도 될 텐데'라는 생각이 들었다고 합니다.

지금 당장 회사를 그만둬야 합니다

우울증의 원인은 같은 직장에 있는 한 여성 동료의 음습한 괴롭힘이었습니다. "그 동료와는 원래부터 잘 안 맞았어요. 걸핏하면 저를 라이벌로 엮더군요. 거기까지는 참았는데, 뭔가 마음에 안 들면 사나운 말투로 악담을 퍼붓는 일도 허다했어요. 분명 동기로 입사했는데 자기가 상사인 양 지시를 내리지 않나, 심할 때는 명령까지 했죠. 제일 화가 났던 건 제가 휴가를 간 동안 업무에서 오류를 찾아내 출근하자마자 하나하나 지적을 해 대더니 나중에는 자기 실수까지 저한테 뒤집어씌운 거예요."

그 동료는 돌아가며 하는 화장실 청소도 전혀 하지 않았습니다. 어쩔 수 없이 A씨가 두 명 몫을 도맡아 했고 사람들도 그 사실을 눈치챘지만, 동료의 성격이 만만치 않다는 것을 모두 알고 있었기 때문에 누구 하나 주의를 주는 사람이 없었죠. 괴로워서 더는 못 견디겠다고 부모님께 말씀드릴 때마다 "앞으로 2, 3년 정도만, 서른이 될 때까지만이라도 참아라"라는 말만 들었고, 결국 그만둘 시기를 놓치고 말았습니다.

대학 졸업 후 고향의 한 기업에 사무원으로 취직해 쭉 같은 직장만 다녔던 A씨. 그녀는 어른스럽고 차분한 인상에서 풍기는 느낌 그대로, 자신을 내세우지 않도록 조심하며 항상 주변의 눈치를 살피는 성격이었습니다. 오랜 세월 참으며 축적된 부정적인 감정들이 우울증이라는 형태로 발현된 것이죠. 어떻게든 버티며 회사에 다니고는 있지만, 동료가 한마디씩 할 때마다 눈물이 나고 얼굴만 봐도 긴장감에 심장이 벌렁거린다고 했습니다. 저는 그녀에게 "그런 회사는 당장 그만두세요!"라고 말했습니다.

도망치는 건 도움이 됩니다

A씨와의 대화에서는 "부모님께 폐가 되니까" "평판이 안 좋아지니까" "주변 사람들 시선이 있으니까" 같은 말들이 빈번히 등장했습니다. 타인의 눈에 자신이 어떻게 보일지 신경 쓰는 전형적인 타입인데, 사실 주위를 의식하는 면은 정도의 차이가 있을 뿐 누구나 가지고 있습니다. 만약 남의 시선을 아무도 신경 쓰지 않는다면 사회질서가 유지되지 않겠죠. 그러니 그런 생각 자체가 나쁘다고 할 수는 없지만, 어떤 것이

든 적정선이라는 것이 있습니다. 지나치게 민감하면 스스로를 몰아넣게 되죠.

A씨의 이야기를 통해 그녀가 필요 이상으로 주위를 의식하는 것도, 무작정 참거나 우물쭈물 넘기는 것도 부모님 그리고 생전에 같이 살던 조부모님의 영향이 크다는 인상을 받았습니다. 30년 이상 그런 환경 속에 살며 오랜 시간에 걸쳐 형성된 그녀의 성격은 그리 쉽게 바꿀 수 있는 것이 아니었죠. 당시 가장 중요한 문제는 '과연 A씨의 우울함을 얼마나 덜어 낼 수 있는가'였습니다. 그런 의미에서 제일 먼저 제안한 것이 퇴사였죠.

몇 년 전 일본에서는 〈도망치는 건 부끄럽지만 도움이 된다〉는 제목의 드라마가 큰 인기를 끌었는데, 저는 이 제목이야말로 인생의 진리라고 생각합니다. 원래 헝가리 속담인 이 말은 '자신에게 맞는 전쟁터를 고르라'는 의미라고 합니다. 상황이 위험할 때는 일단 후퇴했다가 다시 기회를 도모하면 된다는 것이죠. 우울증도 마찬가지입니다. 매일 긴 시간을 보내야 하는 직장에서 괴롭힘을 당하면 어마어마한 스트레스를 받습니다. 개인의 힘으로 환경을 바꾸기는 어렵기 때문에 그런 회사는 얼른 떠나 버리는 것이 상책입니다. 회사를 그만두는 것은 도망도, 부끄러운 일도 아닐 뿐더러, 마음의 건강을 위해 최우선으로 해야 할 조치입니다.

A씨에게도 우선 안전한 환경에서 마음이 회복될 때까지 차분히 기다린 후에 있을 곳을 다시 찾아보자고 제안했습니다. 당시에는 퇴사를 망설였지만, 첫 진료를 시작한 지 한 달 반 만에 회사를 그만뒀고 현재까지 무직 상태입니다. 다만, 회사를 그만두는 순간까지 A씨다웠다고 할까요? 우울증이나 사내 괴롭힘에 대한 이야기는 한마디도 꺼내지 않고 다른 일을 하고 싶어졌다며 거짓말을 했다고 합니다. 마지막까지 직장 동료나 주변 지인들에게 나쁜 인상을 주기 싫다는 생각이 앞선 것이죠.

아직은 사람에 대한 두려움을 떨칠 수 없겠지만

통원 중인 A씨에게 최근의 컨디션과 심경 변화에 대해 묻자 "지금도 TV에서 직장 내 괴롭힘과 관련된 뉴스를 보면 그 동료가 떠올라요. 그래도 예전보다는 마음이 많이 편해졌습니다"라고 답합니다. 회사를 그만둔 것을 후회하지는 않지만,

일을 쉬고 있다는 사실을 창피하게 여기는 마음은 어쩔 수 없다고도 했습니다. 친구들에게도 퇴사했다는 말을 아직 안 했다고요. 그녀의 입장에서는 일하지 않는 것이 꽤 부끄러운 일인 모양입니다. 남들 눈에 '일도 안 하는 팔자 좋은 사람'으로 보이는 것이 싫다고 하더군요. 아마 그런 부분은 바꾸기 어려운 A씨의 기본적인 성향이겠지요.

우울증이 회복세를 보이자 그녀에게서 '어서 새로운 직장을 찾아야 해'라는 초조함이 느껴지기 시작했습니다. 다행히 낯가림이 거의 없고 누구와도 대화를 잘하는 타입이라 새로운 직장에도 잘 적응할 수 있을 것 같다고 하더군요. 다만 전 직장에서 겪었던 괴롭힘이 트라우마가 되었는지 여전히 비난받는 것을 두려워하고 뾰족한 말투를 힘들어합니다. 지금도 늘 상대의 안색을 살피고 '혹시 이 사람 화났나?' 하고 눈치를 보느라 쉽게 지치죠. 가장 큰 불안은 새 직장에도 그 동료 같은 사람이 있으면 어쩌나 하는 것입니다. 아마 사람을 두려워하는 감각에서는 완전히 벗어나지 못한 것일 수도 있습니다. 저는 그저 조바심하지 않고 조금씩 나아가 주길 바라고 있습니다.

복잡한 가정환경 탓에
폭식과 자해를 반복하는
미용사 겸 출장 접대부

오빠와 동생은 엘리트

B씨의 첫인상은 상당히 강렬했기 때문에 지금도 처음 만난 날을 선명히 기억하고 있습니다.

그녀는 아주 화려한 메이크업을 했고 통통한 체형이었습니다. 가슴이 훤히 드러나 보이는 옷에 하이힐을 신고 성큼성큼 진료실로 걸어 들어왔죠. 진료 내내 툴툴거렸고 술 냄새도 풀풀 풍겼습니다. 평소에 술을 꽤나 마시는 모양이었습니다. 저는 대화를 통해 자기파괴적 경향을 확인했습니다. 폭식을 반복할 뿐 아니라 자기 손목을 긋는 행위도 하고 있었죠. "뭐가 제일 힘들어요? 어떻게 바뀌길 원해요?"라고 물었더니 우울감과 불면증, 출근을 못 하는 일이 없어졌으면 좋겠다고 답했습니다.

B씨에게도 성장 과정과 가정환경에 관해 물었는데요. 고등학교 시절에는 여학생 수가 극단적으로 적은 학교에 다녀

인간관계에 어려움이 있었다고 합니다. 친구다운 친구가 없었다고요. 모자가정*에서 자랐지만 어머니와의 관계도 그리 좋지 않았던 모양입니다. 교육열이 뜨거운 가정이었는데, 오빠와 여동생은 이른바 엘리트로 각각 의사와 대기업 직원으로 일하고 있습니다. B씨처럼 모자 관계가 끈끈하지 않은 데다가 형제들이 자신보다 우수한 능력을 가지고 있을 경우, 갈등이 생기는 사례가 많습니다.

20대인 B씨는 미용사로 일하지만 출장 접대부라는 또 다른 직업이 있습니다. 목소리가 크고 말수도 많은 사람이고, 하고 싶은 말이 있으면 한번에 다 쏟아 내듯 이야기를 늘어놓죠. 환자들은 대부분 첫 번째 진료에서 두 번째로, 두 번째에서 세 번째로 넘어갈수록 속 이야기를 더 많이 털어놓는데요. 그녀도 시간이 지날수록 출장 접대일과 관련된 말들을 더 자주 꺼내더군요. 언젠가는 "선생님, 손님으로 한번 오실래요?"라고 하기에 "안 돼요!" 하고 딱 잘라 말했습니다.

* 아버지 없이 어머니와 자식으로만 이뤄진 가정

자기파괴의 이면, 열등감

B씨에게는 의욕을 향상시키고 불안을 억제하는 약을 처방함과 동시에 상담을 진행했습니다. 증상의 결정적인 원인이 모자 관계와 형제에 대한 열등감 및 콤플렉스에 있었기 때문이죠. 경력 있는 미용사라는 직업만으로도 충분히 돈을 벌 수 있을 텐데 굳이 출장 접대일을 계속하는 이유를 물었더니 "나 같은 외모라도 거기서는 찾아 주는 사람이 있으니까요" 라고 답했습니다. 그녀의 입장에서는 자존감을 충족시키는 방법의 일종이겠죠. 자기파괴적 성향이 있는 사람들은 이런 경향을 보이기 쉽습니다.

그 후 B씨의 증상은 일진일퇴를 반복했습니다. 제 앞에서는 늘 친근한 태도를 보였지만, 애써 그렇게 행동하는 면도 있었을 것입니다. 그녀도 주위를 배려하는 타입이라 의사인 저에게 자신의 병이 어느 정도 호전되고 있음을 어필해야 한다는 생각을 가지고 있는 듯했습니다. 티를 내지는 않았지만 스트레스가 심해 보이는 모습도 얼핏얼핏 드러났고요.

B씨와는 무리하지 말고, 가늘고 길게 치료하자는 이야기를 했었는데 새로운 업소로 옮기고 나서부터는 상태가 악화

된 것인지, 통 찾아오질 않습니다. 환자들의 방문이 뜸해지면 '요즘은 어떻게 지내요?' 하며 안부를 묻기도 하는데, 그럴 때 답이 오는 경우는 거의 없습니다. B씨에게는 아직 연락하지 않았지만 극단적인 선택을 할 위험이 있는 사람에게는 곧바로 전화를 걸기도 합니다. 지금은 그저 B씨가 밤에 편히 잠들 수 있기를, 자해하지 않기를 바랄 뿐입니다.

 사례 Ⅲ

발달장애로 인해 업무 중에 꾸벅꾸벅 조는 여성, 웹 관련 기업 재직 중

약을 먹어야 하는 이유

남성들이 흔히 생각하는 '예쁜 여성'의 이미지를 가진 20대 C씨는 우울증이 아니라 발달장애 중 하나인 ADHD(주의력결핍 과잉행동장애)를 겪고 있습니다. 부주의 및 과잉행동, 충동성의 증상이 있죠. 일을 할 때 부주의가 계속되면 자연스레 지적받는 일이 많아지고, 이것이 우울증으로 이어지는 사례도 적지 않습니다.

C씨는 대학 졸업 후 웹 관련 기업에 취직했으나 근무시간마다 졸음이 쏟아지고, 업무상 실수도 잦아 고민이 많았습니다. 아울 클리닉에 온 것은 일을 시작하고 반년쯤 지났을 때였죠. 한창 일을 해야 할 시간에 잠이 쏟아져 업무에 지장이 생기자 진찰을 받기로 결심했습니다.

작업 중에는 실수를 연발했고 도대체 무슨 일을 했는지 설명할 수 없는 시간적 공백이 자꾸 생겼다고 합니다. 그녀는 불안감에 휩싸인 채 아울 클리닉을 찾아와 "이건 일을 잘하고 못하고 이전의 문제인 것 같아요"라며 호소했습니다.

보통 잠을 잔다고 하면 침대 혹은 이부자리에 누워 수면을 취하는 것을 뜻하는데, 멀쩡히 출근해서 일을 하다가 갑자기 잠에 빠져 버리니 확실히 일반적인 케이스는 아니죠. ADHD인 사람은 이것도 하고 저것도 하겠다는 산만한 태도나 충동적인 면을 보이기도 합니다. 우울과 조울*이 반복되는 것처럼 느껴질지 모르지만 낮에 조는 대신 밤에 더 활력이 넘치는 경우도 있습니다. 어쨌든 일을 할 때 실수를 자주

*   정신이 상쾌하고 흥분된 상태

하는 것은 큰 문제이기 때문에 약을 처방해 줬습니다. 중추 신경 자극제로, 노르아드레날린을 증가시키는 약이죠. C씨는 "약을 먹은 다음부터는 졸리지 않더라고요. 일할 때 집중력이 생기니까 이제야 제대로 된 인간이 된 거 같은 기분이 들어요"라고 말했습니다.

ADHD 자체를 치료할 수는 없지만 약효는 확실히 있습니다. 약을 먹은 후의 좋은 상태를 뇌가 기억하고 이에 익숙해지면 실수했을 때 대처하는 기술이 향상될 수 있겠죠. 이상을 일으키는 것은 전두엽과 소뇌이니, 뇌의 다른 부위들을 이용해 효율적으로 커버할 수 있게 해 보는 것입니다.

'다 병 때문이야!'라고 생각하기

C씨는 어릴 때부터 말을 다듬거나 포장하지 못하고, 상대가 상처 입을 법한 말이라도 생각나는 대로 여과 없이 뱉어 버리는 성격이었다고 합니다. 아마 이때부터 ADHD의 조짐이 있었던 것 아닐까 싶습니다. 학교가 싫어서 될 수 있으면 빠지고 싶었지만 부모님이 엄격해서 그럴 수 없었던 모양입니다. 학교나 회사에 가지 않는 인간은 그저 게으른 것일 뿐, 다

른 이유는 있을 수 없다고 생각하는 분들이었죠. 그녀는 분명 많이 답답했을 겁니다.

첫 진료 때 ADHD의 증상을 나열하며 지금까지 이런 일을 겪은 적은 없는지, 이런 경험이 있지 않았는지 묻자 모두 들어맞았던 C씨. 그녀는 "지금까지 겪은 일이 ADHD 때문이었다니, 더 이상 나를 부정하지 않아도 될 것 같아 다행이네요"라고 말했습니다. C씨는 여전히 약이 떨어질 때가 되면 아울 클리닉을 방문하고 있습니다.

"집에서도, 밖에서도 게으르다는 말을 들을 때가 정말 많았어요. 이불 속에서 나올 수 없는 제 상태를 알아주는 사람이 아무도 없으니 가족마저 적으로 느껴졌죠. 남들 다 하는 일을 왜 너만 못하냐는 말도 자주 들었어요. 난 노력해도 안 되는구나 하는 생각에 마음이 병들기 시작했죠." 그녀는 오랫동안 느꼈던 괴로움을 털어놓았습니다.

"비록 대증치료일 뿐 근본적인 치료는 아니지만 약을 복용한 다음 할 수 있는 일이 늘어나서 너무 좋아요. 아침에 일어나고 청소하는 일, 남들처럼 대화하는 일, 밤 외의 시간에 깨어 있는 일 등을 할 수 있게 되었어요. 쏟아지는 졸음과 싸

위 가며 생활하는 건 정말 힘들거든요. 의사의 처방이니 안심할 수 있고, 그 약이 있으면 어떻게든 되겠지 하는 마음이 생겼습니다."

C씨와 같이 발달장애를 안고 있지만 자신도, 주위 사람들도 눈치채지 못해 그저 게으른 사람으로 치부되어 부당한 비난을 받는 사람들이 아직 많습니다.

'이게 다 병 때문이야!'

이렇게 생각하면 마음이 조금은 편해지지 않을까요?

괴로운 현실에서 벗어나려 자해로 도망치는 두 명의 성 산업 종사자

고운 피부 위를 뒤덮은 상처

손목을 그어 자해하는 환자들은 정말 많습니다. 진료를 하다 보면 제가 묻기도 전에 "또 긋고 말았어요" 하고 먼저 털어놓는 분들도 적지 않죠. 그중 특히 기억에 남는 환자가 있습니다.

20대인 D씨는 깜짝 놀랄 정도의 미인으로, 날씬한 몸매에 피부 역시 깨끗하고 투명했습니다. 하지만 그 하얀 피부 위를 가득 메우고 있는 것은 다름 아닌 자상의 흔적들. 과장이 아니라 정말이지 셀 수 없을 정도로 상처가 가득합니다.

손목을 긋는 사람의 비율은 남성보다 여성이 높으며 유독 눈에 띄는 이들은 성 산업 종사자입니다. D씨도 그 업계 종사자로, 참을 수 없는 괴로움이 덮쳐 올 때가 있는 모양입니다. 그럴 때 자해를 하면 뇌내에서 마약이 분비되어 고통을 잘 느끼지 못하고, 도리어 마음이 차분해지기도 합니다.

"쓱 그으면 피가 흐르잖아요. '아, 피가 참 빨갛구나' 같은 생각을 하면서 그걸 가만히 보고 있으면 마음이 좀 가벼워져요. 그 순간만큼은 괴로움도 사라지고 기분이 나아지죠." D씨는 이렇게 말했습니다.

친한 친구의 자해가 PTSD로

또 다른 사례를 살펴볼까요. 친한 친구의 자해를 목격한 다음부터 인생이 바뀌어 버린 40대 E씨의 케이스입니다.

E씨도 성 산업 종사자입니다. 중고등학교 시절부터 절친

했던 친구가 자기 앞에서 손목을 긋는 것을 눈으로 직접 본 후 중증 PTSD(외상 후 스트레스 장애)를 앓기 시작했습니다. 아마 E씨의 친구는 자해를 통해 주위 사람을 끌어들임으로써 자신의 균형을 지키고 있었는지도 모릅니다. 그 결과 E씨도 다른 형태의 마음의 병을 얻게 된 것이죠. 이런 사례를 보면 마음의 병에도 전염성이 있다고 할 수 있습니다.

E씨는 이 사건을 계기로 정신적 손상을 입었고, 고등학교 퇴학 후 호스트에 빠져 빚을 잔뜩 진 뒤 성 산업에 발을 들이면서 인생이 무너지기 시작했습니다. 친구의 자해로 받게 된 심각한 충격 때문에 가슴이 아파 오거나 심장 박동이 비정상적으로 크게 느껴지는 등의 증상을 겪었죠. 사건의 순간이 반복적으로 플래시백flashback 되는 경험을 하기도 했습니다. 재해나 교통사고 피해자들이 흔히 보이는 증상으로, PTSD의 전형이죠.

그녀는 "친구의 자해를 목격한 것이 엄청난 쇼크이기는 했지만, 그렇다고 몇 년이 지난 지금까지 문득문득 떠오르는 이유를 저도 잘 모르겠어요"라고 말하더군요. 저는 그녀에게 PTSD 증상임을 알려 줬습니다. E씨는 "계속 그때를 떠올리는 건 너무 괴로우니까 약을 먹고 마음이 좀 편해지면 좋겠어요"라며 보다 긍정적인 자세로 치료에 임하게 되었습니다.

자해 충동을 억제하는 법

보통은 고통스러운 현실에서 도피하기 위해 손목을 긋는 경우가 많지만, E씨의 친구처럼 다른 사람을 컨트롤하려는 목적으로 자해를 하는 사람도 꽤 있습니다. 어느 쪽이든, 자해의 아픔보다 더 큰 마음의 고통을 안고 있다는 뜻이죠. 손목을 그으면 뇌 속에서 모르핀이 분비되어 아픔에 둔해진다고 합니다. 오히려 기분이 좋아지죠. 그 사람은 상태가 그렇게 악화될 정도로 마음속에 견딜 수 없는 불안과 절망이 가득한 것입니다.

사는 것이 너무 괴로워 자해에 의존하는 사람들에게는 다음과 같은 방법을 제안하고 있습니다. 손목에 고무줄을 끼우고 충동이 일면 있는 힘껏 고무줄을 당겼다 놓는 것이죠. 아프다는 감각이 느껴지면 충동을 어느 정도 억누를 수 있습니다. '사고정지법'이라고 불리는 방법으로, 자해 충동을 억제하는 데 도움이 됩니다.

　손목을 긋는 사람들은 자살 의지가 강하다기보다 현실에서 도망치려는 열망이 큰 경우가 많기 때문에 괴로움의 원인을 함께 찾아가야 합니다. 습관적으로 자해를 하는 사람들은 회복하기가 좀처럼 쉽지 않지만, 마음의 상처가 아물도록 도우며 증상을 완화시키다 보면 자해 횟수가 줄어들 것입니다.

상실경험에서 비롯된 병을 극복하고 여행으로 자신을 되찾은 독신의 패스트푸드점 점장

갑작스러운 과호흡

F씨는 덩치가 큰 편이라 첫인상은 조금 무섭지만 실제로는 온화한 성격입니다. 40대 독신인 그는 패스트푸드점의 점장으로 일하다 우울증으로 휴직했으나 얼마 전 직장으로 복귀했습니다. 소중한 사람이 암으로 세상을 떠났는데 하필 그 시기가 업무 성수기와 겹쳤던 것이 우울증의 발단이었죠. 그는 이렇게 말했습니다. "어느 날 갑자기 출근을 못할 정도로

증상이 심해진 것도 쇼크였지만, 소중한 사람을 잃은 슬픔과 일에 대한 괴로움을 털어놓을 가족이 없다는 사실이 무엇보다 고통스러웠습니다. 대화 상대가 한 명도 없다는 걸 새삼 깨닫고 큰 충격을 받았어요."

사랑하는 사람이나 가까운 지인의 죽음 같은 상실경험이 우울증으로 이어지는 일은 아주 흔합니다. 아울 클리닉 환자 중에도 상실경험으로 인해 우울증에 걸린 환자들이 실제로 꽤 있습니다.

F씨가 아끼던 사람을 암으로 잃은 것은 이른 봄이었습니다. 하필 졸업, 취직 시즌과 겹치는 바람에 업무에 익숙한 베테랑 스태프들이 일에 익숙지 않은 신입들로 전면 교체된 상황이었죠. 점장이었던 F씨는 휴일마저 반납해야 했고, 쉬지 않고 일을 하다 보니 그날그날의 피로를 풀 수가 없었다고 합니다. 소중한 사람을 잃은 상실감에 감당할 수 없는 피로감까지 더해지자 조금씩 망가져 가는 듯한 느낌이 들었습니다.

"그녀와는 10년 정도 알고 지냈고 세상을 뜨기 몇 주 전만 해도 같이 식사를 하며 곧 다시 만나자고 약속했었는데 예상치 못한 부고를 들은 거예요. 그녀의 어머니에게서 사망 소식을 듣는 순간, 갑자기 주변의 소리가 사라지더군요."

슬픔을 미처 해소하지도 못한 채 무리한 업무 일정을 소화해야만 하는 상황. 마치 아무 감정도 없는 기계처럼 일하며 하루하루를 보내던 F씨는 어느 날 차를 운전해 귀가하던 길에 갑작스러운 과호흡을 겪었습니다. 겨우겨우 차는 세웠지만, 그때부터 움직일 수가 없었습니다. 그는 직장 상사에게 전화를 걸어 "아무래도 상태가 심각해서 곧바로 병원에 가야 할 것 같아요. 한동안 출근을 못 할 수도 있을 것 같은데 지원 좀 해 주시겠어요?" 하고 부탁했다고 합니다. "어떻게든 해 볼게"라는 상사의 답을 듣자마자 무너지듯 시트 위로 쓰러졌고, 이후의 일은 기억하지 못합니다. F씨는 당시를 회상하며 "그때 얼른 차를 세워서 정말 다행이에요"라고 말했습니다.

회복 후 떠난 첫 번째 여행

"스스로 우울증일지 모른다는 생각을 하긴 했어요. 동료나 지인 중에 우울증을 앓는 사람을 몇 명 봤거든요. 그런데 한편으로는 내가 우울증일 리 없다는 근거 없는 자신감도 있었어요. 확실하게 우울증이라는 진단을 받았을 때는 좀 충격이었죠. 앞으로 어떻게 될지 모르겠다는 생각에 불안감이 컸어요. 어두운 이미지밖에 그려지지 않더라고요."

저는 진단을 내리자마자 그 자리에서 상사에게 전화를 걸라고 했습니다. 상사는 "진단이 그렇게 나왔으면 지금 당장 휴가를 내야지"라고 말해 줬죠. 그렇게 약 네 달간 휴직을 했고, 현재는 완전히 복귀했습니다.

F씨의 기분은 긍정적인 방향으로 변했습니다. 여전히 약간의 불안함은 있지만, 당당하게 휴가를 쓴 것이 도움이 되어 몸도 점차 회복되었습니다. 사실 그는 패스트푸드 체인에 입사한 후 10년 동안 장기 휴가를 쓴 적이 한 번도 없다고 합니다. 휴직 후 얼마간은 할 일이 없어서 가끔씩 가게에 들르기도 했습니다. 딱히 직장을 싫어했던 것도 아니기 때문에 가게에 가면 편안한 기분이 들었던 모양입니다.

치료를 계속하던 중, F씨는 휴직 기간을 이용해 못 가 본 곳을 다녀 보겠다며 일본 이곳저곳을 여행하기 시작했습니다. "휴직한 지 한 달쯤 되었을까, 문득 어차피 쉴 거면 평소에 할 수 없는 일을 해 보자는 생각이 들더군요. 그래서 차를 타고 간토와 호쿠리쿠 지역을 돌았죠. 호쿠리쿠는 처음이라 유명하다는 겐로쿠엔*에 가 봤어요. 후지산도 올라갔다 왔고요."

그렇게 여행을 다니는 사이 F씨의 상태에 점점 차도가 보이기 시작했습니다. 여행이 그에게 훌륭한 기분 전환이 된 게 확실했죠. 분명 치료에도 긍정적인 영향을 미쳤을 것입니다.

증상이 호전되고 있을 때 여행을 하는 것은 좋은 방법이라고 생각합니다. 꼭 여행이 아니더라도 스스로 설렐 수 있는 뭔가를 할 수 있다면 좋겠죠. 물론 증상이 심각할 때는 마음처럼 되지 않을 뿐더러, 의욕도 생기지 않을 테니 무리할 필요 없습니다. 이후 F씨는 들뜬 표정으로 여름에 시코쿠와 규슈 지역 대부분을 정복했다는 이야기를 들려주기도 했습니다. 그런 이야기를 들을 때면 저도 정말 기분이 좋아집니다.

대화할 상대가 있다는 행복

첫 진료 때 F씨는 불면증으로 잠을 거의 자지 못한 상태였습니다. 본인은 잠을 잤다고 생각했는데 일어나 보면 1시간도

---

* 오래된 다이묘(일본 고대 말기부터 중세까지 있었던 봉건 영주)의 정원

지나지 않은 경우도 자주 있었다고 합니다. 그때부터 다시 뜬눈으로 밤을 지새우다 깜빡 졸면 어느새 아침이 되어 있곤 했다고요. 저는 처음 한 달 동안 수면제를 처방해 줬습니다. 약을 먹고부터는 푹 잘 수 있게 되어 많이 편안해진 것 같았습니다. 잠을 잘 수 있게 되자 쓸데없는 생각이 줄고, 나쁜 기억들도 잊히기 시작했다고 합니다. 역시 수면은 모든 증상에 영향을 미치는 중요한 요소임이 분명합니다.

그는 치료 과정을 이렇게 회상했습니다. "상담 중에 혼자 일방적으로 말을 할 때가 많았는데 선생님이 가만히 귀를 기울여 주고 격려해 준 덕분에 나중에는 긍정적인 이야기를 할 수 있게 되었어요. '휴가도 긴데 어디 여행이라도 하면 좋겠네요' 하고 슬쩍 흘린 말에 '어디로 가려고요? 뭐 하고 싶어요?'라고 물어 주니 생각이 점점 구체화되더군요."

F씨가 해 준 이야기들은 치료 방침에 반영하고 있습니다. "무슨 말이든 다 받아 주니까 진료 시간에 병이랑 상관없는 얘기도 종종 했어요. 그러면서 '대화 상대가 있다는 게 참 중요하구나' 하고 깨달았죠. 독신이기 때문에 집에 가도 말할 사람이 없어요. 그런 제게도 속마음을 털어놓을 수 있는 상

대가 생겨서 정말 좋았습니다."

우울증은 몸이 보내는 신호이기도 합니다. 지나치게 고된 생활이 지속되면 강제로 '이제 한계니까 좀 쉬어!' 하고 경고하는 것이죠. 피로로 번아웃 되었을 때는 F씨처럼 쉬는 것이 효과적이며 예후도 좋습니다. 그는 성실히 진료를 받으며 상당히 심각했던 증상을 호전시켰습니다. 야근도 하고 여전히 바쁜 모양이지만 우울증을 극복하고 무사히 복직한 좋은 예입니다. 최근까지 꾸준히 클리닉을 찾은 F씨에게 저는 이제 슬슬 치료를 끝내도 될 것 같다는 말을 건넸습니다. 치료의 끝을 알리는 순간, 바로 제가 가장 기쁜 순간입니다.

사례 VI

성 산업에 종사하며 약을 끊지 못하는 前 치과위생사

출장 접대를 하며 심리적 안정감을 얻는다면

아울 클리닉의 환자 중에 제일 비율이 높은 직군이 바로 유흥업, 성 산업 종사자입니다. 그중에서도 특히 오랫동안 진료를 받아 온 G씨의 사례를 살펴보겠습니다.

출장 접대일을 하는 20대 G씨는 과거에 우울증으로 인한 극심한 두통에 시달렸고, 지금은 불면증을 앓고 있습니다. 공황장애까지 있어 지하철을 타면 심장이 크게 뛰기도 합니다. 공황장애는 심각한 불안이 덮쳐 와 심장이 과도하게 두근거리고 현기증, 호흡곤란 등이 일어나는 불안장애의 일종입니다.

그녀는 눈에 띄는 미인입니다. 외형적인 결점이 거의 없죠. 그런 G씨는 '내 직업이 심리적 안정에 도움을 준다'는 특이한 생각을 가지고 있습니다. 오사카 기타신치에 있는 고급 클럽에서 일을 시작해 미나미의 카바레식 클럽을 거쳐, 현재 출장 접대일을 하고 있죠. 한때는 매춘가로 유명한 토비타신치에서 일하기도 했습니다. 지금은 오사카 중심부에서 조금 떨어진 출장 접대 업소에 나가고 있는데 지명 순위는 늘 상위권이라고 합니다.

오래전에는 치과위생사로 일했던 G씨지만, 대인 관계가 어려워 일을 그만뒀습니다. 현재 치과의사인 남자친구와 동거 중인데, 직업이 들통나 전 남자친구와 헤어진 경험이 있는 터라 지금 남자친구에게는 처음부터 솔직히 털어놓았다고 합니다. 신기할 정도로 거리낌이 없는 성격이죠. 본인의 말을 빌리자면 이렇습니다. "이런 일 하는 애들 대부분은 가정환경에 문제가 있거나 호스트에 빠져서 돈을 탕진하고 비참한 상황에 놓여 있잖아요. 그야말로 자존감이 낮은 애들이 많죠. 하지만 난 전혀 그렇지 않아요. 인생에서 지금이 제일 만족스러워요. 이 일을 하는 건 이왕이면 가치 있는 몸과 외모를 현금화하자는 발상이랄까요?"

하지만 G씨 본인이 눈치채지 못하고 있을 뿐, 그녀 역시 다른 면에서 자존감이 낮다고 할 수 있습니다. 미인이라는 외모적 조건이 있어 저런 말을 하는 것일 테지만 그 말의 이면에서 낮은 자존감을 엿볼 수 있죠. 가정환경에 아무 문제없다고 했지만 유흥에 빠져 살며 성적으로도 분방했던 아버지의 존재가 영향을 미쳤을 것입니다. 일부러 이런 직업을 선택한 것도 어쩌면 자신을 바꾸고 싶었기 때문일지 모릅니다.

일을 그만둘 계기를 만드세요

"두통과 불면증도 괴롭지만 감정 기복이 너무 심해서 힘들어요. 고등학교 때 교우 관계에 문제가 있었던 게 원인이 아닐까 싶어요. 남학생 한 명을 두고 반 친구와 다툰 후로 같은 반 여자아이들과 사이가 틀어졌거든요. 지금도 여자들 무리에 있는 게 불편해요. 아예 백 명 정도로 인원이 많거나 세 명 같은 소수면 괜찮은데 다섯 명, 열 명 그룹에 있으면 견디지 못하고 입을 닫아 버려요."

G씨는 이런 이야기도 덧붙였습니다. "치과위생사로 일할 때도 직장에 여자밖에 없어서 너무 힘들었어요. 여자들만 있으면 무서워요. 괴로웠던 기억밖에 없죠. 버틸 수가 없어서 그만뒀어요. 지금은 일주일에 한두 번씩 출장을 나가는데 돈은 이만하면 충분히 버는 것 같아요. 일주일에 두 번만 나가도 너무 피곤해서 쉬는 날은 종일 뒹굴지만요."

일본에서 이 직업 자체는 불법이 아니니, 일이라고 선을 긋고 심리적 안정을 찾는다면 이것도 하나의 방법이라 할 수 있겠죠. 다만 자존감이 더 낮아지거나 허무함을 느낄 우려가 큽니다. 어떤 이유에서든 이 일을 계속하는 것은 권하지 않습니다. 머지않아 자존감이 떨어지는 것을 자각할 테고 육체적인 타격도 커질 테니까요. 저는 성 산업 종사자들에게 도덕적인 이유를 들어 그만두라고 말하지는 않습니다. 단지, 치료 중에 "앞으로 어떻게 할 거예요?" 하고 질문을 던집니다. 그러면 상대도 잠시나마 미래에 대해 생각하게 됩니다.

병이 있으면 시야가 극단적으로 좁아지고 시간 흐름에 대한 감각이 없어지죠. 그래서 성 산업에 종사하며 돈을 버는 당장의 형편에만 집중하지 않고, 조금 더 먼 미래까지 펼쳐 보여 주려 노력하고 있습니다. 현재 상황을 단번에 끊어 내기보다는 시간이 걸리더라도 언젠가 이 일을 그만둔 자신의 모습을 상상하게 하려고 합니다. 1년 혹은 2년. 어쩌면 더 긴 시간이 필요할지도 모르죠. 하지만 장래에 대한 생각을 하다 보면 스스로 '그만둬 볼까' 하는 마음이 생길 수도 있지 않을까요.

연인과의 결혼을 꿈꾸고는 있지만

G씨는 결혼 후의 미래를 꿈꾸기 시작하면서 '밝은 우울증'이 된 것 같다고 말했습니다. 하지만 상태가 호전되어 안심할 때쯤 새로운 걱정거리가 고개를 들었습니다. 대화 도중 느닷없이 "햇볕을 쬐면 죽고 싶어져요" 같은 말을 툭툭 내뱉기도

했죠. 희사염려가 나타날 수도 있는 상황이었습니다.

사실, 결혼 이야기가 오가는 치과의사 남자친구와 동거를 시작하면서부터 G씨의 상태가 불안정해졌습니다. 일시적으로 감당이 안 될 정도의 착란을 일으키기도 하고, 죽고 싶어 하기도 하고, 발광을 하기도 해 매우 독한 약을 쓸 수밖에 없는 상황이 되었죠. 도파민을 억제해 졸음을 유도하는 약을 처방했는데, 주로 항환각·항망상·진정 작용에 효과가 있는 약이었습니다. 위태로운 착란 상태에서 그녀를 구할 수 있는 방법이 이것밖에 없었죠.

저는 오랫동안 G씨를 진찰해 왔지만, 치료를 중단할 계획은 없습니다. 스트레스를 받으면 한번에 '쿵' 하고 추락해 버리니까요. 이제는 다 나았다고 말한 다음 날 갑자기 상태가 악화되기도 했습니다. 자기평가 점수도 0점에서 8점으로 확 올랐다가, 별안간 2점으로 떨어졌다 다시 0점이 되는 등 굉장히 기복이 심하죠. 약의 양을 줄이고 싶어도 그럴 수가 없습니다. 상태가 좋은 날이 이어지도록 본인의 기분과 약을 조금씩 조정할 필요가 있습니다.

핫텐바에 다니다 적응장애를 앓게 된 바이섹슈얼 기혼 남성

가정의 위기를 맞다

아울 클리닉에는 다양한 LGBT 환자들이 찾아옵니다. 여러 면을 지녀 구분이 명확하지 않은 사람도 많습니다. LGBT임을 인정하는 사람이 있는가 하면, 이유도 모른 채 '일반적인' 연애가 힘들어 고민하는 사람도 있습니다. 성소수자가 정체성을 자각한 후 이 사회를 살아가기란 여전히 쉽지 않습니다. 아직도 자책감에 괴로워하는 이들이 많죠.

기억에 남는 LGBT 환자 중 바이섹슈얼 남성 H씨가 있습니다. 그는 50대 기혼자였지만, 게이들이 만남을 목적으로 모이는 '핫텐바'를 정기적으로 다녔고 이 사실을 부인에게 들켜 부부 사이에 문제가 생기자 환각 및 망상 증세를 보이기 시작했습니다. "평범하게 회사 다니고, 평범하게 결혼하고…… 보통 사람들처럼 살고 있다고 생각했는데, 어느 날 문득 강하게 끌리는 남자를 만나게 된 거예요. 스스로도 너무 놀라서 제 감각에 문제라도 생긴 것이 아닌가 싶었어요. 당연히 부인을 사랑하고, 딱히 큰 불만도 없었는데 말이죠. 어떻게 된 일인지 인터넷에 검색해 보면 저랑 비슷한 남자들이 많더라고요. 남자도 사랑하고 여자도 사랑할 수 있는 사람이 세상에 이렇게나 많다는 사실에 충격을 받았어요. 인터넷에서 이것저것 보다 보니 머릿속의 호기심이 점점 커지더군요. 그때 멈췄어야 하는 건데, 핫텐바에 발을 들이고 말았어요."

그때부터 H씨는 욕망을 억누를 수가 없었습니다. 부인에게 미안해하면서도 핫텐바를 드나드는 날이 계속되었죠. 마음속에는 늘 부인에 대한 죄책감이 있었습니다. '바람피우는 남자들이 딱 이런 기분이겠구나' 하는 생각이 들었다고 합니다.

H씨의 상태가 눈에 띄게 이상해지자, 마침내 부인이 눈치를 챘습니다. 부인은 외도를 의심하고 그를 몰아붙였지만 따로 사랑하는 사람이 있는 것도 아니고, 이혼할 마음도 전혀 없던 H씨는 그저 아니라는 말만 되풀이했습니다. 그러나 부인의 의심을 풀어 줄 방법이 없어, 결국 모두 털어놓게 되었

죠. "아내도 많이 놀랐을 거예요. 당연한 얘기지만 이후 집안 분위기가 냉랭해졌어요. 그런데도 핫텐바를 못 끊겠더라고 요. 그때부터 제가 이상해진 거 같아요. 처음에는 심장이 쿵 쾅거리는 정도였는데 불안이 점점 심해지더니 뭘 하든 긴장 하게 되더군요."

뭔가 잘못되었음을 깨달은 그는 병원에 가야겠다는 생각 을 하기 시작했습니다. 이제껏 느껴 본 적 없던 머릿속 혼란 을 계기로 아울 클리닉에 오게 되었죠.

치료와 부부 문제는 별개

아울 클리닉에 방문한 H씨는 갑자기 흥분해서 이젠 감당할 수 없을 정도로 허무맹랑한 망상을 한다고 했습니다. 그는 중증도 '중' 레벨 정도의 적응장애*를 앓고 있었으므로, 일단 근육주사로 항정신병 약물을 넣어 도파민을 차단하고 환각 과 망상을 억제했습니다. 혼란에 빠지면 주변인과의 커뮤니 케이션에도 문제가 생기니 우선 '보통'의 상태로 돌려놓아야

---

* 스트레스나 충격적인 사건을 겪은 후 정서적 또는 행동적 부적응 양상을
보이는 상태

했죠. 약물만으로 금방 되돌릴 수는 없지만, 혼란을 줄이고 진정시키는 것이 급선무였습니다.

첫 진료 날, H씨는 부인과 함께 병원을 찾았습니다. H씨가 점점 이상해지는 것을 알고 있던 부인은 병원에 간다는 그의 말에 바로 따라나섰습니다. 그녀는 H씨가 예전의 남편으로 돌아오길 바라고 있었죠. 그의 적응장애는 우울증과 마찬가지로 조기에 치료하면 효과를 기대할 수 있습니다. 문제는 자각해 버린 성 정체성입니다. 깨달은 이상, 없었던 일이 될 수는 없으니까요. 부인으로서는 당연히 남편의 핫텐바 출입을 막고 싶겠지만, H씨 입장에서는 쉽지 않을 것입니다. 저는 의사로서 환자를 고통스럽게 하는 증상을 치료하기 위해 최선을 다합니다만, 그 외의 가정 문제와 부부 관계에까지 관여할 수는 없었습니다.

H씨는 적응장애 진단을 받고 휴직했다가 복귀한 상태지만, LGBT의 다난한 삶을 알 수 있는 케이스였습니다.

불법촬영 범죄를 저지르고
수면장애에 시달리는
前 대기업 과장

성욕에 기인하지 않은 성범죄도 있습니다

'설마, 그 사람이?!' 하고 모두가 놀랄 만한 지위와 입지에 있는 사람이 성추행이나 공연음란죄 등으로 체포되는 경우가 있죠. 그런 뉴스를 볼 때마다 마음의 병이 성범죄라는 형태의 증상으로 발현되었구나 하는 생각에 기분이 무거워집니다. 혹시 스트레스가 쌓이고 쌓여 마그마처럼 끓다 폭발해버린 것은 아닐까 싶어서요.

성욕은 인간의 욕구 중 하나로, 원초적인 본능이라 할 수 있는데요. 때때로 사회적 지위가 높은 사람들이 저지른 성범죄의 바탕에는 '충족시키고 싶다'는 충동이 자리하고 있기도 합니다. 보통이라면 열쇠로 열 문을, 몸으로 부딪쳐 열겠다고 뛰어드는 꼴이랄까요. 그 배경에는 성욕과는 별개로 스트레스와 관련된 문제가 숨어 있을 가능성이 있습니다.

아울 클리닉을 찾은 40대 I씨도 그중 한 명이었습니다. 대

기업 과장이자 고향에 있는 유명 가문의 서양자*였죠. 위아래로 압박을 받는 중간관리직인 동시에 체면을 중시하는 집안의 서양자였으니 상당한 스트레스를 받았으리라 짐작됩니다. "저는 아주 내성적인 성격이라 남들과 충돌하는 일이 거의 없어요. 직장에서 관리직을 맡고 있고 집에서도 장인, 장모, 아내 모두와 좋은 관계를 유지해 왔다고 생각해요. 회사에도 가정에도 말하지 못할 스트레스라…… 물론 없진 않았겠죠. 지금까지 누구의 말에도 반박하지 않고, 나만 참으면 해결된다는 생각으로 살아왔기 때문에 갈등이 없었던 건지도 모르겠네요."

그런 I씨는 회사 내에 있는 여자화장실을 불법촬영한 것을 들켜 해고당했습니다. 당연히 집에서도 외면당했고, 그러는 사이 마음의 균형이 무너져 아울 클리닉에 찾아왔죠. "솔직히 말하면 불법촬영했을 당시의 기억은 별로 없습니다. 그때까지 그런 마음을 가져 본 적도 없고요. 마음 깊은 곳에 욕구가 깔려 있었던 거라고 하면 할 말은 없지만요. 충동적인

* 양자가 된 사위를 일컫는 말

행동이었냐고 물으시면, 그랬던 것도 같아요. 스트레스가 심해서 병적인 행동으로 나타난 건가 싶기도 하고. 회사와 집 양쪽에서 스트레스를 받다가 남들보다 더 빨리 한계치에 도달한 건 아닐까 하는 생각도 들어요. 하지만 하필 성범죄라니, 스스로도 너무 창피합니다."

스트레스를 무시하지 마세요

I씨는 불법촬영을 한 죄로 체포되었으나 재판에서 집행유예를 받았습니다. 그러나 사람들의 시선에는 집행유예가 없죠. 집에 있어도, 외출을 해도, 어디에 가도 "아, 저 사람 불법촬영하다가 걸린 과장이잖아" 하고 손가락질 받는 기분이 들어 괴롭다는 I씨. 자업자득이니 대가를 치를 수밖에 없지만, 해고당하기 전보다 당하고 나서의 스트레스가 훨씬 더 크다고 말합니다.

"식욕도 없어지고, 잠도 못 자고, 아무것도 하기 싫었어요. 그러다 갑자기 폭식과 홧김에 마시는 술이 늘기 시작했죠. 가장 힘든 건 누군가 절 쳐다보고 있다는 강박관념이에요. 계속되는 가족들의 비난도 괴로웠고요. 그 지역에서 워낙 유명한 집안이니 그럴 만도 하죠. 잠을 못 자니까 쓸데없는 생각만 늘어요. 아내가 이혼 얘기를 안 꺼내는 게 그나마 다행이지만, 이젠 다 싫어져서 도망치고 싶은 마음뿐이에요."

I씨의 병명은 적응장애와 수면장애. 그는 스스로 이상하다는 사실을 깨닫고 나서부터 스트레스 증세가 급격히 심해진 것 같다고 했습니다. 인간은 지나친 스트레스를 받는 상태에서 식욕, 수면욕, 성욕 중 뭔가를 충족시키려 들면 비정상적인 양상을 보이기 쉽습니다. 특히 남성의 경우 스트레스 관리를 제대로 못 하면 본능이 너무 앞서 행동을 제어할 수 없게 되고, 결국 I씨처럼 불법촬영 등의 성범죄로 이어지는 사례들이 있습니다.

정신의 안정이 우선입니다

앞으로 일은 어떻게 할지, 가족 관계는 어떻게 회복할지, I씨 앞에는 수많은 문제들이 남아 있습니다. 어쨌든 본인 스스로 정신적인 안정을 되찾고 미래에 대한 희망을 품지 않으면 앞으로 나아갈 수 없겠죠. 심리적으로 진정되면 가족과의 대화가 가능해지거나 적극적인 자세로 취업을 준비할 수 있을지도 모릅니다. '이제 어떻게 되어도 상관없어'라는 마음이 생기면 희사염려로 이어질 수 있으니, 일단 수면을 목표로 삼기로 했습니다. 수면장애 치료부터 시작하고 약물을 처방해 심한 기복과 불안을 억제해 나가는 흐름입니다.

이후, I씨의 온화하고 성실한 성격 덕분인지 조금씩 증상이 호전되었습니다. 가족에게 질책을 받거나 외출해서 사람들의 시선을 느끼면 재발할지도 모르지만, 조금씩 긍정적으로 변화하길 바라고 있습니다.

사례 IX 끊임없이 성형수술을 하고 폭식과 구토를 반복하는 추형공포증 여성

'누구도 날 상대해 주지 않을 거야'

특히 여성들 사이에 종종 있는 일입니다만, 남들 눈에는 날씬해 보이는데도 본인은 뚱뚱하다고 느끼거나, 주위 사람들은 준수한 외모라고 생각하는데도 자신이 못난이라고 믿는 경우들이 있습니다. 다 그렇다고 단언할 수는 없지만, 이런 경우 마음의 병을 앓고 있을 확률이 높습니다.

J씨는 여러 차례 성형수술을 한 20대 여성으로, 아울 클리닉에 왔을 때는 아주 마른 상태였습니다. 저와 직원들 모두가 걱정할 정도였죠. 이야기를 들어 보니 스스로가 아주 추하다는 생각에 빠져 있었고 예뻐지지 않으면 누구도 자신을 상대해 주지 않을 것이라는 강한 공포심을 안고 있었습니다. 자기평가가 너무 낮다는 것이 그녀의 심리적 문제였죠. 기본적으로 현재의 자기 모습에 자신이 있고 자기평가가 높은 사람들은 성형에 집착하지 않습니다.

진단은 추형공포증, 그리고 이로 인한 섭식장애였습니다. 추형공포증은 자존감이 너무 낮아 자신의 몸매와 외모에 비정상적으로 집착하는 증상입니다. 자기 이미지를 실제보다 부정적으로 그리기 때문에 거울조차 제대로 못 보는 사람도 있습니다. 그 결과 성형수술을 반복하죠. J씨는 거듭된 성형수술에도 자기평가가 높아지지 않자 고통스러운 현실에서 벗어나기 위해 폭식(섭식장애)을 시작했습니다. 폭식이라고 하면 꾸역꾸역 먹기만 하는 이미지를 떠올리기 쉽지만, 추한 자신을 혐오하기 때문에 먹자마자 게워 냅니다. 이런 상황이 몇 년씩 계속되면 체중이 감소하고 최악의 경우 사망에 이르기도 하죠.

생활 습관부터 바꾸기

J씨의 성장 과정과 가정환경은 다음과 같았습니다. "어릴 때부터 부모님한테 넌 못생겼고, 더럽다는 말을 들으며 자랐어요. 상담 선생님이 학대라고 하기에 '아, 그런 거였나?' 싶었지만 내가 추하다는 생각은 사라지지 않았죠. 여러 번 상담을 받아 봤는데 결국 부모님 얘기하는 게 힘들어서 안 가게 되더라고요." J씨를 힘들게 한 원인은 '추체험'이었습니다. 부모님을 떠올리는 과정에서 그들에게 들었던 폭언과 상처받았던 기억이 되살아난 것이죠.

그녀는 이야기를 이어 갔습니다. "성형수술을 받고 '성공적이에요. 예뻐지셨네요'라는 말을 듣는 순간에는 잠깐 안심이 되지만, 그때뿐이에요. 사람들이 저를 추하게 볼 거란 생각이 금세 들죠. 그런 기분이 들기 시작하면 먹는 걸 멈출 수가 없어요. 먹는 동안에는 다 잊는다고 할까요? 그렇다고 살찌는 건 용서가 안 되니까 기본적으로는 다 토해요. 이제 토하는 건 잘해요. 먹어도 토하면 괜찮으니까요."

하지만 J씨도 이대로는 안 되겠다는 자각이 있기에 부모님 이야기를 또 해야 한다는 사실을 불편해하면서도 아울 클리닉의 문을 두드린 것입니다. 그래서 저는 그녀의 과거를 깊게 묻지 않았습니다. 앞으로 어떻게 생활할지에 대해 주로 이야기했죠. 남자친구에 관한 대화도 많이 나눴습니다. J씨는 남자친구와 함께 아울 클리닉에 올 때가 많았고 그와 같이 있으면 안심이 된다는 이야기도 했기 때문에 남자친구와 더 많은 시간을 보내라고 조언했습니다. SNS 친구들과 대화하는 시간을 늘려 보라는 제안도 했고요. 불규칙적인 생활을 하고 있었던 그녀는 아침에 출근해서 저녁에 돌아오는 남자친구의 루트에 맞춰 조금씩 생활 습관을 정돈해 나갔습니다. 새로운 방법을 만들어 냈다기보다 이미 주어져 있는 환경에 적응시킨 사례였죠.

어떤 방법으로 자존감을 높일까

J씨 같은 케이스는 '어떻게 자존감을 높일까?'에 중점을 둡니다. 자존감이란 자기평가만으로 얻을 수 있는 것이 아닙니

다. 대부분의 경우, 사회와 연결되어 열심히 일하면서 세상에 이바지하고 있음을 느끼고 스스로의 존재 의미와 가치를 실감할 때 생기죠.

다만 근본적으로는 부모와의 관계가 결정적인 영향을 끼치는데요. 성인이 된 후에 부모와의 관계를 회복하는 것은 매우 어렵습니다. 부모와 같이 치료를 받지 않는 한 해결되지 않는 문제도 있으니까요. J씨 역시 부모와의 문제를 직접 해결할 수 없었기 때문에, 치료와 상담을 병행하며 저나 남자친구가 "해냈구나. 잘했네!"라고 한 가지씩 꾸준히 칭찬을 해 줬습니다. 추형공포증도, 섭식장애도 관해에는 시간이 필요합니다. 사소한 일을 계기로 폭식과 구토를 반복하니 멀리 보고 치료해야 합니다.

남편에 이어
아내도 우울증에 걸린
유명 기업의 엘리트 부부

남편은 중증 우울증

"남편 눈빛이 마치 죽어 가는 물고기 같아요. 눈에 빛도, 힘도 없어요. 이 사람이 언제 자살할지 모른다는 불안함을 견딜 수가 없어요." 남편과 함께 아울 클리닉을 방문한 여성은 이렇게 호소했습니다. 그녀의 말을 듣지 않아도 남편의 눈을 본 순간 '아, 상당히 중증이구나. 아혼미(의식은 있지만 불러도 아무 반응 없이 무표정한 상태를 혼미昏迷라고 하며, 그 초기를 아혼미亞昏迷라고 부릅니다) 단계 같은데……'라는 생각이 들더군요.

당시 20대였던 K씨 부부는 같은 회사에 다니고 있었습니다. 이름을 대면 모두 알 만한 유명 기업의 직원이었죠. 엘리트 부부 이미지였는데 성장 과정, 학력, 경력 등을 들어 보니 역시나 우수한 인재들이었습니다. 생활수준도 높은 편이었고요.

아울 클리닉을 찾기 몇 달 전, 두 사람은 나란히 승진을 했고 급격히 늘어난 업무량에 집에 돌아와서도 회사 생각을 놓을 수 없는 날들이 계속되었다고 합니다. 아무리 일을 좋아하는 사람이라도 24시간 내내 업무 생각에 시달리는 상황에 놓이면 몸과 마음 중 어딘가, 혹은 양쪽 모두가 무너질 수밖에 없습니다. 증상이 나타나는 것은 시간문제죠.

"당장 회사를 쉬세요!" 저는 강한 명령조로 말했습니다. 두 사람에게 휴직을 거부하거나 망설일 여지를 줘서는 안 된다는 생각이 들었기 때문입니다. 그 정도로 심각한 우울증이었습니다. 당장 손쓰지 않으면 목숨이 위험할 수 있는 레벨이었죠. 남편은 의식은 있었지만 마치 가면을 쓴 것처럼 무표정했습니다. 눈을 뜨고는 있으나, 어디도 보고 있지 않은 느낌. 치료가 쉽지 않은 상황이었습니다. 솔직히 회복이 될지 안 될지조차 장담할 수 없는 상태였죠. 그래도 똑 부러지는 부인과 함께 와서 정말 다행이라고 생각했습니다. 저는 그녀에게 남편이 이런 증상을 보이기까지의 경과를 알려 달라고 했습니다.

"본인은 전혀 자각하지 못했던 것 같은데, 제가 먼저 이상하다는 걸 눈치챘어요. 밤중에 느닷없이 소리를 지르고, 뭔가를 게워 내고, 갑자기 눈물이 그렁그렁해지기도 했죠. 이상한 점이 한두 개가 아니었고 대화도 계속 겉돌았어요. 고민 끝에 직장 상사에게 상의했더니 당장 병원에 가는 게 좋겠다고 하더라고요. 그래서 본인한테 그대로 전했죠."

좋은 일도 우울증으로 이어질 수 있습니다

의외로 우울증에 걸리기 쉬운 시기 중 하나가 승진했을 때입니다. 상실경험, 즉 뭔가를 상실했을 때 병을 얻기 쉽다고들 하는데요. 승진을 한다는 것은 어떻게 보면 비교적 부담이 없던 지금까지의 지위를 잃게 된다는 의미이기도 합니다. 분명 좋은 일임에도 일종의 상실경험이 되어 우울증으로 이어지는 경우가 적지 않죠. 비유하자면 '메리지 블루'*와 비슷한 느낌이랄까요. 간혹 지나친 업무량에 본인도 모르게 눈물이 나는 경우도 있습니다. 일하고 또 일하고, 잠시 잠에 들었다가 일어나서 다시 일하고, 더 이상 인간이 아닌 것 같은 느낌에 공허함에 휩싸입니다.

---

* 결혼을 앞둔 이들이 과거에 대한 아쉬움과 미래에 대한 불안 때문에 느끼는 우울

실제로 남편은 치료 막바지에 이르러 많이 호전된 상태에서 발병 당시를 회상하다 이런 말을 했습니다. "지금 생각해 보면 부담이 너무 컸던 것 같아요. 책임감이라고 해야 하나? 게다가 결혼식을 앞둔 시점이라 이것저것 할 일도 너무 많았거든요."

처음 진료할 때 K씨 부부는 결혼 전이었고, 결혼식 준비를 위해 같이 살던 시기였다고 합니다. 결혼식 직전에 남편이 우울증에 걸렸으니 아내 입장에서는 얼마나 불안했을까요. 그런 불안감 속에서도 최선을 다해 마음의 병을 얻은 남편을 지켜 준 부인을 생각하면 머리가 절로 숙여집니다.

남편은 이런 말도 남겼습니다. "선생님이 우울증 진단을 내리자마자 회사를 쉬라고 아주 강력하게 말씀하셨잖아요. 말투가 너무 단호해서 무서울 정도였어요. 그래도 그렇게 확실히 말씀해 주신 덕분에 결단을 내릴 수 있었던 것 같아요. 어떻게든 회사를 다니면서 치료하는 방법은 없냐고 물었더니 절대 안 된다고 딱 잘라 답하셨죠. 그때 상태의 심각성을 깨닫고 휴직을 결심했습니다."

우울증을 이해할 수 있는 회사의 존재

이 남성은 아내뿐 아니라 회사 복도 있었던 것 같습니다. 우울증에 대한 이해도가 높은 회사였죠. 복직 플랜도 갖추고 있어 조금씩 재활하며 출근할 수 있는 회사였기 때문에 안심하고 치료에 전념할 수 있었습니다. 휴직 중에는 월 1회 면담을 진행해 상사에게 지금의 상태와 의사의 지시 내용 등을 전했다고 합니다. 덕분에 쉬는 동안에도 회사와 이어져 있다는 소속감을 유지할 수 있었죠. 남편의 진료에 상사가 동행한 적도 있었습니다. 그것도 두 번이나요. 그때 저는 상사에게 일단 남편을 세 달 정도 쉬게 한 다음 상태가 좋아지면 복귀할 수 있게 해 달라고 부탁했습니다.

결국 남편은 총 여섯 달 동안 휴식을 취한 뒤 회사에 복귀했습니다. 지금은 부서를 변경해 몸과 마음의 균형을 유지하고 있죠. 새 부서의 동료들도 몸 잘 챙기면서 일하라며 따뜻한 격려를 해 준다고 합니다. 전보다 자신의 마음을 소중히 여기며 즐겁게 일하고 있는 남편. 그리고 그 과정을 쭉 옆에서 함께한 아내. 훗날 그녀는 남편의 변화에 대해 이렇게 전했습니다.

"제일 큰 변화는 자기 얘기를 자주 한다는 거예요. 원래는 거의 말이 없었는데 이렇게 말을 잘 하는 사람이었나 싶을 정도로 변했죠. 한동안은 불안한 마음에 과연 이 사람이 진짜 나을 수 있을까 확신이 서지 않던 시기도 있었어요. 그런데 이렇게 건강해진 모습을 볼 수 있어서 정말 다행이에요."

남편은 우울증에 걸리기 전보다 더 밝고 건강하게 회사 생활을 하고 있습니다.

이번에는 아내가

기쁨도 잠시, 남편의 치료가 끝나고 몇 달 뒤 아내가 남편을 따라 아울 클리닉을 찾아왔습니다. 순간 남편의 우울증이 재발한 것인가 싶어 걱정을 했는데 그쪽이 아니었습니다. 치료가 필요한 사람은 아내였죠.

'감응정신병'. 파트너가 우울증을 겪는 것에 영향을 받아 본인도 병을 앓게 되는 증상입니다. 아내분이 바로 그런 사례였죠. 그래도 이른 시기에 진찰을 시작한 덕분에 남편보다 가벼운 증상에 그쳤습니다.

아내의 경우 회사 내 인간관계가 우울증의 원인이었습니

다. 그녀는 원래 회사와 동료들을 매우 좋아했는데 그렇게 좋아하던 사람들과의 인간관계가 흔들리자 견디기 힘들었던 것 같습니다. 다들 사이가 돈독해 일하기 편한 부서였지만, 일부 멤버가 부서 이동을 하면서 그룹이 나뉘고 대립이 생겼다고 합니다. 두 그룹 모두와 사이가 좋았던 그녀는 양쪽에서 속내를 듣게 되었고, 그러면서 점점 '내 험담도 저렇게 하고 있는 게 아닐까' 하는 의심에 빠졌죠. 실제로는 누구에게도 비난당하지 않았지만 뒤틀린 인간관계의 중심에 놓여 버린 상황이 고통스러웠던 것입니다.

그녀는 힘없는 목소리로 회사에 가는 것이 두렵다고 말했습니다. 새롭게 이동한 부서는 신규사업부. 생소한 업무를 익혀야 하는 것도 스트레스의 원인 중 하나였죠. 함께 온 남편은 이렇게 말했습니다. "얼마 전부터 출근하기 싫다는 말을 자주 하더라고요. 예전에는 휴일에 여기저기 다녔는데 그런 일도 전혀 없고, 요즘에는 말도 거의 안 해요."

그러던 어느 일요일. 아내가 "이제 회사 안 갈래. 더는 못 하겠어"라는 말을 꺼냈고, 월요일에 출근했다가 끝내 과호흡으로 쓰러지고 말았습니다. 남편 본인도 경험이 있었기 때문에 서둘러 아내를 데리고 아울 클리닉을 찾아왔습니다. 저는 그녀가 남편만큼 위급한 상태는 아니라고 판단해서, 부드러운 말투로 세 달 정도 휴직하는 것이 어떠냐고 제안했습니다. 이후 아내도 휴직을 했고 클리닉을 다니며 거의 회복되었습니다. 신속하게 대응한 것이 주효했죠. 결국 퇴사하긴 했지만 지금은 다른 직장에서 씩씩하게 일하고 있습니다.

서로의 변화를 감지해 주세요

부부가 연달아 우울증에 걸렸지만 다행히 회복했고, 특히 남편은 본인의 경험을 바탕으로 부인을 도울 수 있었습니다. 두 분의 사이가 더욱 각별해진 것은 물론이죠. K씨 부부는 입을 모아 말했습니다. "부부가 같이 겪은 게 오히려 다행인 것 같아요. 앞으로의 커리어에 대해 생각하는 계기도 되었고요. 직접 우울증을 겪고 나니 그냥 기분이 가라앉는 것과 질병은 전혀 다르다는 걸 알겠더라고요. 우울증일 때는 아무리 애를 써도 기분이 나아지지 않았고, 하고 싶거나 생각하고 싶은 게 아무것도 없었어요. 나중에 보니 확실히 제가 이상했더군요."

그저 기분이 다운된 것인지, 아니면 병인지 혼자서 판단하기란 쉽지 않습니다. 만약 아무것도 하고 싶지 않거나 예전에 즐거웠던 일이 지금은 전혀 즐겁지 않다면 정신과의 문을 두드려 봤으면 합니다.

K씨 부부는 마음의 병으로 힘들어하는 사람들에게 이런 말을 해 주고 싶다고 했습니다. "지금은 스스로를 컨트롤하기가 어려운 시대입니다. SNS나 메일처럼 직접 대면하지 않는 소통이 늘고 있는데, 이럴 때일수록 사람도 만나고 대화도 나누면서 현실 속 관계를 소중히 여겨야 할 것 같아요. 그래야 무슨 일이 생겼을 때 서로의 변화를 감지해 빨리 대처할 수 있죠."

남편이 남긴 말은 저에게 큰 힘이 되었습니다. "처음 아울 클리닉에 왔을 때는 솔직히 '이 선생님 뭐지?' 싶기도 했는데, 지금은 여기 오길 잘했다는 생각이 들어요. 단호한 얼굴로 절대 죽지 않겠다고 약속해 달라던 선생님의 목소리를 지금도 종종 떠올리거든요. 그 순간이 없었다면 저는 지금 이곳에 없었을지도 모릅니다."

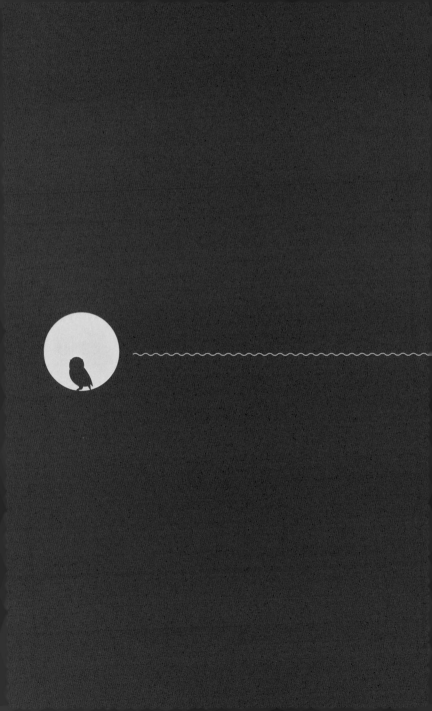

마음의 병에서 나를 지키기 위한 체크리스트

아울 클리닉에는 다양한 고민과 불안을 안고 사는 사람들이 끊임없이 찾아옵니다. 저는 '아, 이거 좀 이상한데?' 싶은 느낌이 들면 미루지 않고 정신과에서 진찰을 받는 것이 좋다고 생각합니다. 다음 페이지에 대표적인 병증을 정리해 뒀으니 혹시 해당 사항이 있는지 체크해 보세요.

짚이는 데가 있다면
주의가 필요합니다

섭식장애

대표적인 섭식장애로는 '거식증'과 '폭식증'이 있는데, 거식 증에 걸리면 아무리 주변에서 먹으라고 재촉해도 음식을 쉽게 섭취하지 못합니다. 그저 "아침에 우유 한 잔, 바나나 조금 이라도 먹어 주세요"라고 제안하는 것이 최선이죠. 바나나와 우유에 영양의 토대가 되는 '트립토판'이라는 물질이 들어 있기 때문입니다. 트립토판이 세로토닌이 되고, 나아가 멜라 토닌이 되죠. 정신적 안정에 관여하는 물질인 세로토닌이 결 핍되면 우울 증세가 나타날 수 있습니다. 거식증 환자의 경 우 우유와 바나나라도 섭취해야 세로토닌의 재료가 되는 트 립토판을 얻을 수 있기에, 이를 통해 우울증 약을 먹어도 효 과가 나지 않는 상황을 방지합니다.

만약 성인의 체중이 35킬로그램 이하로 떨어지면 반드시 입원해서 코에 튜브를 연결해 영양제를 투여하는 치료를 해 야 합니다. 그대로 두면 생명을 잃을 수도 있기 때문입니다.

목숨이 위험한 사람에게는 입원을 강력하게 권할 수밖에 없습니다. 언뜻 보기에도 너무 마른 사람은 주위에서 관심을 가지고 지켜볼 필요가 있습니다. 그렇다고 먹는 이야기에만 집중하면 당사자가 더 심한 스트레스를 받을 수 있으니 생활 전반의 고민에 귀를 기울이는 것이 좋습니다.

거식증은 유독 모자 관계의 문제, 모성의 부정 등에서 기인하는 사례가 많은 편입니다. '여성은 풍만하다'는 이미지가 있어, '여성적인' 체형이 되는 것을 극단적으로 싫어하죠. 여성성을 전면 부정하는 환자의 경우 생리가 자연스럽게 끊어지기도 합니다. 모자 관계에 관한 이야기를 끌어내 어머니에 대한 해석을 바꿀 수 있도록 노력해야 합니다.

자해

부정적인 기분을 모두 지워 버리고 싶다는 생각, 잠깐이라도 불편한 기억을 잊고 싶다는 마음으로 자신의 몸에 의도적으로 상처를 입힘으로써 인간관계의 정리나 트러블 해결을 기대하는 행위를 말합니다. 이런 행동을 하는 배경에는 타인을 컨트롤하고 싶다는 생각이 잠재하는 경우도 있습니다. 자해의 방법은 사람마다 다르지만 대표적인 사례들을 들어 보겠습니다.

- 손목을 긋는다
- 자신을 때리거나 벽에 머리를 부딪친다
- 팔이나 허벅지 등을 바늘로 찌른다
- 라이터로 손과 팔에 화상을 입힌다
- 불붙은 담배로 피부를 지진다
- 약을 다량 복용한다

과거에는 이러한 행위가 자살로 가는 전全 단계를 의미하는 것은 아니며 자살하려는 생각에서 비롯된 행동이라 볼 수 없다는 견해가 많았습니다만, 손목 긋기 등의 자해를 하는 사람들이 자살하는 사례가 많다는 보고가 늘어나고 있어 주의가 필요합니다.

경계성 인격장애
정신 상태가 불안정해지면 상대(가족이나 연인)를 휘두름으로

써 마음의 균형을 유지하려 하고, 감정 제어가 잘 되지 않아 인간관계 구축에 어려움을 겪는 인격personality 장애입니다. 환자 중에는 여성의 비율이 높은 편이며, 부정적인 모자 관계에서 비롯되는 경향이 있습니다. 다수의 사례를 바탕으로 보면 어머니에게 충분한 사랑을 받지 못한 경우 여성은 '경계성 인격장애'를, 남성은 '반사회성 인격장애(사회규범을 어기고 타인을 속이는 일, 다른 사람의 권리를 침해하는 행위에 죄책감을 느끼지 않는 장애)'를 가질 가능성이 커 보입니다.

의존증

의존증의 종류는 아주 다양하지만, 크게 세 부류로 나눌 수 있습니다.

① 알코올, 담배, 위법 약물 등의 '물질 의존'
② 쇼핑, 인터넷, 게임, 도박, 절도 등의 '프로세스 의존'
③ 가정 폭력, 섹스, 스토킹 등의 '관계 의존'

모두 자신의 의사로 의존 행위를 제어하지 못하는 증상을 보입니다. 컨트롤장애라고도 부르죠. 심리 상태가 불안정할 때 발현하기 쉽다고 알려져 있으며, 적절한 치료를 하지 않으면 증상이 반복됩니다.

어디서부터가
우울증일까?

혹시 우울증이 아닐까 의심했지만, 실제로는 단순히 기분 저하인 경우가 종종 있습니다. 물론 반대의 케이스도 있죠. 그 경계선을 알 수 없어 답답해하는 분들을 위해 우울증의 주요 특징을 정리해 보겠습니다.

마음의 병? 아니면 일시적인 기분 저하?

마음의 병인지, 아니면 그저 기분이 잠시 가라앉은 것뿐인지 구별하기 위해 기억해 두면 좋은 키워드가 세 가지 있습니다. 첫 번째는 '무쾌감증'입니다. 무엇을 해도 즐겁지 않은 상태를 가리키죠. 두 번째는 '기분이 침울해지는 시간대'입니다. 기분의 상태가 아침에 가장 무거웠다가 낮을 지나 저녁으로 가면서 점점 나아지는지 체크해 봐야 합니다. 세 번째는 '신체적 증상'입니다. 머리가 아프거나 식욕이 없어지는 등 신체적인 변화를 동반하는 것이 특징입니다. 이 중 해당하는 항목이 있다면 우울증을 의심해 볼 수 있습니다.

세로토닌 양에 이상이 생긴다면

우울증에 시달리는 동안 몸 안에서는 어떤 변화가 일어날까요? 자세한 설명은 전문서적에 맡기겠지만, 뇌내 세로토닌 양에 이상이 생긴다는 사실만큼은 기억해 두셨으면 합니다. 안타깝게도 현재 외래에서 이 뇌 호르몬 수치를 측정하는 것은 불가능합니다. 뇌를 잘라 측정할 수도 없는 노릇이라 소변의 대사산물을 측정하는 데 그치죠. 최근엔 광 토포그래피 검사, 뇌 MRI 등의 화상 분석이 발전을 거듭하고 있다고는 합니다.

'여기부터 우울증'이라는 경계선은 없지만

사실 여기부터가 우울증이라고 할 수 있는 뚜렷한 경계선이 있는 것은 아닙니다. 우울증이 발병해도 경증에서 중증까지

완만하게 진행되는 경우가 대부분이죠. 일시적으로 증상이 완화되거나 사라지기도 합니다. 우울증 여부를 가늠하는 가장 중요한 요소는 '그동안 별문제 없이 즐겁게 지내 오다가 어느 한 기점을 계기로 갑자기 컨디션이 나빠지거나 의심 증상이 나타났는가'입니다. 성격의 문제라면 태어날 때부터 그런 성향이 있었을 테지만, 질병은 어느 순간 난데없이 나타나니까요.

우울증의 진위보다
중요한 것

오랫동안 정신과 의사로 일하다 보면 직장을 쉴 핑계를 찾기 위해 우울증 진단서를 써 달라는 환자를 만나기도 합니다. 이 사람들에게는 진짜 환자와 구별되는 두 가지 특징이 있습니다.

첫 번째는 상병수당* 수령 가능 기간인 1년 6개월이 만료

---

* 일을 하다 다치거나 앓게 될 때 요양 비용 외에 따로 더 받는 수당

되기 무섭게 발길을 끊는다는 것입니다. 우울증으로 일을 할 수 없는 경우 상병수당이 지급되는데 이 돈을 받으려면 의사의 진단서가 필요합니다. 단정 지을 수는 없지만 훗날 돌아보면 '아, 그 사람은 꾀병이었을지도 몰라' 하는 생각이 드는 사람들이 있죠.

두 번째는 우울증 진단 기준을 미리 인터넷으로 검색하고 온다는 점입니다. 이런 사람들은 진짜 자신의 이야기를 털어놓는 것이 아니라 우울증 진단 기준에 나와 있는 내용을 묻기도 전에 줄줄 읊습니다. "2주가 넘도록 우울한 기분이 계속되고, 뭘 해도 즐겁지가 않아요"라고 말하는 식이죠. 뭔가 이상하다 싶어 이것저것 질문을 하면 어딘가에서 분명히 들통이 납니다.

하지만 중요한 것은 진짜 우울증이냐 아니냐가 아니라 '지금 하는 일이 즐겁지 않다고 느낀다는 점'입니다. 그럴 때는 "제 판단으론 우울증이 아닌 것 같지만, 어쨌든 지금의 생활이 행복하지 않다고 느끼시는 거죠? 왜 그런지 같이 한번 생각해 볼까요?" 하고 파고들어 봅니다. 무턱대고 우울증 진단서를 써 주는 것은 정신의학에 대한 모독이니까요.

정신의학 용어 중에는 '비정형 우울증'이라는 말이 있습니다. 의사들도 진단에 애를 먹는 부분이죠. 일본에서는 한때 '신형 우울증'이라는 말이 유행하기도 했으나, 실제로 그런 의학 용어는 존재하지 않습니다. 비정형 우울증을 잘 모르는 미디어들이 만들어 낸 말이 아닐까 추측할 뿐이죠.

비정형 우울증도 원래 우울증의 한 종류입니다. 뇌내의 세로토닌 부족이 우울증을 유발한다고 알려져 있는데 인간은 개인차가 심하기 때문에 증상이 모두에게 동일하게 발현되지는 않습니다. 그래서 비정형 우울증이라는 개념이 정신의학계에 존재하는 것이죠. 그러니 전형적인 우울증이 아니라고 안심해서는 안 됩니다.

가장 효과적인 치료,
조기 발견

신체적 질병이든 심리적 질환이든, 대처가 빠르면 빠를수록 치료가 쉬워진다는 것은 말할 필요도 없습니다. 조기 발견보다 효과적인 치료는 없으니까요. 의학이 경이로운 속도로 진화하는 오늘날, 과거에는 손쓸 수 없었지만 지금은 고칠 수 있는 병이 많아진 것도 사실입니다.

그러나 "도대체 왜 이렇게 될 때까지 놔두셨어요"라는 말이 절로 나올 정도로 병을 키우는 사람도, 이로 인해 목숨을 잃는 사람도 여전히 많습니다. '어? 뭔가 좀 이상하네. 상태가 안 좋은 것 같아'라는 자각이 들었을 때 곧바로 치료만 받았더라면 목숨을 지키는 것은 물론, 중병도 피할 수 있었을 것입니다. '조금만 더 빨리 병원에 갈걸' 하고 후회하는 사람이 한 명이라도 적어지길 진심으로 바랍니다.

목숨을 위협하는 말기 암 같은 질병, 사고로 인한 중상 등과 달리 마음의 병은 지금 당장 생명에 지장을 주지는 않습니다. 출혈이나 격렬한 통증 같은 명확한 증상도 없기 때문에 초기 증상을 가볍게 여기기 십상이죠. 손대기 어려울 정도로 심각해지고 나서야 눈치를 채는 사람도 적지 않습니다. 그러나 마음의 병도 중증이 되면 자살이라는 형태로 목숨을 빼앗을 수 있습니다. 그러니 조금이라도 의심이 들면 하루빨리 전문가의 도움을 받아야 합니다.

마음의 병을 앓는 사람 대부분은
성실하고 세심하다

마음의 병을 안고 사는 사람 중에는 완벽을 추구하며 주변에 필요 이상으로 신경을 쓰는, 성실한 이들이 많습니다. 이들은 컨디션이 조금 안 좋다고 병원에 가거나 일을 쉬는 성향이 못됩니다. 힘들다고 말했다가 상사에게 근성이 없다는 평가를 들을지도 모르고, 동료에게 부담을 주거나 민폐를 끼칠 수도 있다는 생각에 무작정 참고 견디는 경우가 수두룩하죠.

진찰 결과 병이 아니라는 진단을 받으면 그야말로 다행인 것입니다. '겨우 이 정도로 회사를 쉬고 병원에 가도 되나?' 같은 생각은 할 필요가 전혀 없습니다. 우울증의 경우 정도에 따라 항우울제를 처방하기도 하는데요. 항우울제라는 말에 저항감을 느끼는 사람이 있을지 모르지만 마음의 불편함을 덜어 내기 위해 약물치료를 시도해 보는 것도 하나의 방법입니다. 즐겁지 않은 상태가 지속되면 괴로울 뿐이잖아요.

앞서 말했다시피, 다수의 환자들이 '○○가 아니면 안 돼!' '꼭 ○○해야만 해!' 같은 강박적 사고에 빠져 있습니다. 그런 사람을 진찰할 때는 "혹시, ○○가 아니면 안 된다고 생각하시나요?"라고 직접 확인하는 것을 원칙으로 삼고 있습니다. 그러면 비로소 '아, 내가 그렇구나' 하며 스스로 인식하곤 하니까요. 이것을 '인지행동요법'이라고 하는데, 이때 자각은 매우 중요한 사항입니다. 착각과 강박에서 벗어나는 열쇠가 되어 주죠.

의학적인 관점으로 봐도 환자 중에는 완벽을 추구하는 성실한 사람이 많습니다. 유흥업에 종사를 하든, 이른바 반사회집단에 속해 있든 상관이 없죠. 성실함이 덜했다면 빚 때문에 업소에 묶인 몸이 되었다 해도 금방 도망치려 했을 텐데, 알 수 없는 책임감 같은 것이 있어 그러지를 못합니다. 이런 경우에는 차라리 뭐든지 적당히 하는 성격인 게 나을지도 모릅니다.

'고독'이 증상을 악화시킨다

직장이나 가정 문제로 스트레스를 받는 사람은 셀 수 없이 많습니다. 아니, 살아 있는 사람은 누구나 스트레스를 안고 산다고 해도 과언이 아니죠. 하지만 마음의 병에 걸리는 사람이 있는 한편, 그렇지 않은 사람도 있습니다. 과연 그 차이는 어디서 생길까요?

저는 개인이 얼마나 강인한 마음을 지녔는가보다, 고민이나 불안함을 털어놓을 사람이 주위에 있는지 없는지가 더 결정적인 요인이 된다고 생각합니다. 오랫동안 아울 클리닉에서 치료를 받아도 좀처럼 호전이 되지 않는 환자들이 있습니다. 주로 직장이나 가정에서 고립된 채 외로움과 고독감에 시달리는 사람들이 그런 경향을 보입니다.

오사카 미나미의 아메리카무라라는 장소 특성상 아울 클리닉에는 유흥업 및 성 산업에 종사하는 여성 환자들이 많은데요. 그녀들 대부분은 호스트 남자친구와 만나더라도 금전적인 관계에 그치고, 업소의 동료들과도 깊게 사귀지 못해 항상 외톨이가 된 듯한 기분을 느끼는 것 같습니다. 꼭 유흥업계에만 국한된 이야기는 아닙니다. 여성들이 호스트에 빠지는 가장 큰 원인 역시 '고독'입니다. 아울 클리닉을 찾는 이들 중에도 호스트에 빠진 여성이 꽤 많은데 보고 있는 제가 괴로울 정도로 걱정스럽습니다. 북적대고 신나는 분위기에, 다정하게 대해 주는 사람까지 있으니 호스트 클럽을 끊을 수가 없겠죠. 상대의 목적이 돈이라는 것을 알면서도 "이번이 정말 마지막이야"라며 매달리고 눈물이라도 보이면 어쩔 수 없이 다시 돈을 꺼내고 맙니다. "생일 파티인데 돔 페리뇽 정도는 사 줘야지. 안 그러면 내가 곤란해져" 하고 조르면 자기도 모르게 몇백만 엔을 써 버리죠. 호스트들은 영업 수완이 좋고 심리를 다루는 데 능하기 때문에 외로운 여성들은 속절없이 당하고 맙니다. 아울 클리닉에서 처방을 받는다 해도, 매달 호스트 클럽에 몇백만 엔씩 돈을 퍼부으면 위태로운 생활에서 벗어날 수 없습니다. 계속 샴페인을 터뜨리다 보면 얼마 안 가 몸도 마음도 엉망진창이 되겠죠. 그렇다고 칼같이 한 번에 발길을 끊기는 쉽지 않을 것입니다. 저 역시 도덕적인 이유를 앞세워 절대 가지 말라고 설교할 생각은 없습니다. 다만, 파멸의 소용돌이에 휘말린 환자들에 한해서는 '자기파산'이라는 수단을 써서라도 멈추도록 하고 있습니다.

모두에게 해당되는 건 아니지만 모자 관계가 좋지 않을수록 유흥업이나 성 산업에 종사할 확률이 높다는 것을 체감합니다. 다양한 변수가 있겠으나 한부모 가정에서 자라며 충분한 애정을 받지 못했거나, 부모에게 학대를 받았거나, 형제자매들과 다른 대우를 받는 등 성장 과정과 가정환경이 마음의 병과 밀접하게 관련되어 있는 것만큼은 틀림이 없습니다.

'주위에 상담할 사람이 없다'. 이것이 제가 생각하는 '고독'의 정의입니다. 직장 동료나 친구 중 그 누구와도 정기적으로 소통하지 않고, 가족과의 관계도 소원한 유흥업 및 성 산업 종사자들은 파멸의 소용돌이에 휘말리기 쉽습니다. 물론 특정 직업에만 한정된 이야기는 아닙니다. 고독으로 인해 서서히 마음이 병든 경우 내인内因적으로 뇌 호르몬의 균형이 무너져 있을 가능성이 있기 때문에 약물치료를 병행해야 할 수도 있습니다. 경제적 빈곤이 원인이 되어 발병하는 전형적인 경우들도 많고요.

저는 아울 클리닉이 그런 이들의 안전망이 될 수 있기를 바라며 진찰에 임하고 있습니다. 결코 쉬운 일은 아니지만, 마음의 병의 불씨가 되는 고독함을 조금이나마 해소할 수 있도록 돕고 싶습니다. 아울 클리닉의 직원 모두가 같은 마음으로 환자들과 만나고 있습니다.

생활 습관 개선이 최우선

건강한 삶은 규칙적인 생활을 전제로 합니다. 아울 클리닉을 방문하는 사람들 대부분은 규칙적인 생활, 건강한 식습관을 실천하지 못하고 있습니다. "뭘 먹고 지내나요?"라고 물으면 거의 편의점 음식이라고 대답하죠. 과자류만 먹는 사람도 많습니다. 생활 습관과 관련된 질병의 예방을 담당하는 내과에서는 생활 습관 개선을 위한 소책자 등을 구비하고 있는 경우가 많지만, 아울 클리닉은 그런 자료를 배부하지는 않습니다. 식이섬유 함량이 높은 식품을 섭취하고 장내세균을 늘리는 식생활을 권하죠. 편의점 음식과 과자만 먹는 사람들에게는 아침에만이라도 바나나와 우유를 먹도록 조언하고 있습니다.

수면 또한 생활 습관의 기본 중 하나입니다. 저는 환자들에게 아침 몇 시에 일어나 어떻게 하루를 보내는지 구체적으로 묻습니다. 생활의 리듬이 무너진 사람은 온종일 침대에 누워 있지만 잠을 자지는 못한다고 말합니다. 집에 있는 것 자체에는 딱히 문제가 없다고 쳐도, 침대에 있는 것과 거실에 있는 것에는 큰 차이가 있습니다. 당연히 거실에 있는 편이 낫죠. 잠잘 때 외에는 침대에 있지 않는 것이 바람직한 생활 습관입니다. "잠자는 시간 말고는 침대에 눕지 않도록 노력해 봅시다"라고 제안하는 것 역시 이런 이유에서입니다.

불면증을 호소하는 사람들이 정말 많은데, 그중에는 잠과 상관없이 침대 위에서 보내는 시간이 남들보다 길뿐 실제로는 어느 정도 수면을 취하고 있는 경우도 꽤 있습니다. 간혹 가다 "너무 힘들어서 이대로 영원히 잠들었으면 좋겠어요"라고 말하는 환자도 있지만 "인간으로 사는 이상, 그건 무리예요"라고 답해 줍니다. 평소에 잠을 너무 많이 자서 원할 때 잠에 들지 못하는 것뿐인데도 '더 자고 싶다'고 호소하는 이에게는 침대에서 보내는 시간을 확인합니다. 경험상, 거의 20시간 이상 침대에 있는 사람이 많더군요. 그런 환자들에게는 "마라톤을 풀코스로 뛰면 잠이 올지도 모르죠" "집에서 아울 클리닉까지 걸어 다니면 잠들 수 있지 않을까요?" 등의 조언을 하기도 하는데, 실제로 뛰어서 클리닉에 오는 사람도 더러 있습니다.

생활 습관 개선은 치료 효과가 상당히 높습니다. 밤을 꼴

딱 새우고 다음 날 대낮까지 늦잠을 자면 당연히 제때 수면을 취할 수 없겠죠. 본인의 생활 습관을 확인하고, 잠들기 위한 준비를 충분히 하고 있는지 제대로 파악할 필요가 있습니다. 식생활도 마찬가지입니다. 예컨대 간식을 끊지 못하는 사람이나 폭식으로 힘들어하는 환자들은 딱히 할 일이 없으면 자신도 모르게 음식에 손을 대는 습관이 있죠.

저는 진료실에 환자가 들어서면 일단 안색은 괜찮은지, 체형과 자세는 어떤지, 눈에 생기가 있는지 등 육안으로 확인할 수 있는 정보를 파악해 진단의 방향을 잡습니다. 환자가 늘 사실을 말해 준다는 보장도 없을 뿐더러 이야기만으로는 판단하기 어려울 때도 있으니까요. 극단적인 예긴 하지만, 말로는 "돈이라면 아쉽지 않을 만큼 있다"라고 하면서도 옷차림이 추레하고 신발이 엉망이거나 손톱이 지저분하면 현실은 뭔가 다르지 않을까 하고 살펴보게 됩니다. 한 여성 환자는 지나치게 말라 걸을 때마다 몸이 휘청거리는데도 "밥은 제대로 먹고 있어요"라고 말합니다. 만성 우울증을 호소하는 환자인데, 아무래도 삼시 세끼를 제대로 챙기지 않은 것에 원인이 있지 않을까 예상합니다. 섭식장애가 발단이 되어 우울증으로 연결된 케이스라 추측할 수 있죠.

세 개의 축,
식사·수면·운동

균형 잡힌 식사를 하고 제대로 잠을 자는 것은 생활 습관 개선의 가장 기본적인 요소이며, 적당한 운동 역시 필수 불가결한 조건입니다. 식사·수면·운동이라는 세 축이 탄탄하지 않으면 진정으로 건강한 생활이라 할 수 없고, 심리적인 건강에도 좋지 않은 영향을 미칩니다. 그래서 아울 클리닉을 찾은 환자들과 생활 습관에 대해 이야기를 나눌 때는 이 세 개의 축을 빼놓지 않습니다.

- 매일 세끼를 챙겨 먹고 있습니까?
- 하루 7시간 정도 수면을 취하고 있습니까? (일주일에 약 50시간 정도가 이상적이라고 보고, 50시간을 7일로 나눠 약 7시간으로 잡습니다.)
- 하루에 1만 보씩 걷고 있습니까?

이상 세 가지 축을 튼튼히 세우도록 조언하고 다음번에 클리닉을 찾았을 때 컨디션을 물으며 상태를 확인합니다. 처음 클리닉에 온 환자 중 눈에 띄게 상태가 안 좋아 보이는 사람에게는 상담을 통해 고민을 듣는 동시에, 이 세 요소를 잘 관리하고 있는지 확인합니다. 기본적으로 하나라도 결핍되어 있거나 세 가지 모두가 불안정할 경우에는 본격적인 치료를 시작하지 않습니다. 표면적인 요소, 이른바 증상을 억제해 일시적으로 호전되더라도 다시 반복될 확률이 높기 때문이죠. 그래서 저는 예방의 의미도 담아, 먼저 생활 습관을 개선하라고 조언합니다. 리듬이 흐트러져 있는 생활을 건강하게 되돌리는 것은 쉽지 않습니다만 때로는 이로 인해 마음이 정리되기도 합니다. 건강한 생활 습관이 바탕이 되어야 다음 단계로 넘어가 문제를 완화하는 데 힘쓸 수 있습니다. 시간이 걸리더라도 이렇게 차근차근 단계를 밟으며 치료할 때 환자의 몸과 마음이 정돈되고, 비로소 최종적인 효과를 기대할 수 있죠.

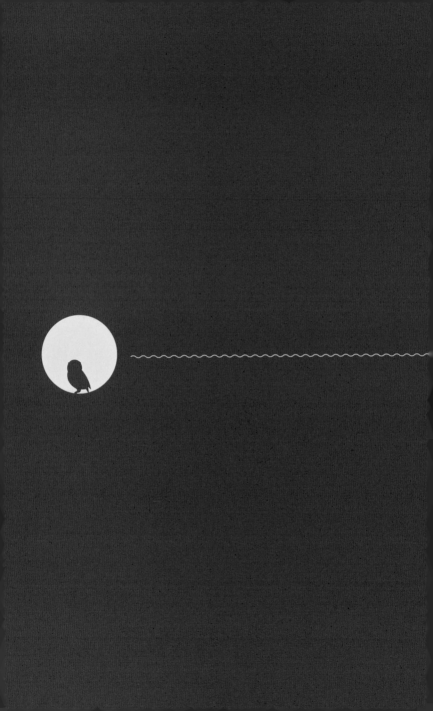

앞으로의 도전

일본인의 사망 원인 중 높은 비율을 차지하는 것은 암, 심장병, 노환, 뇌졸중, 폐렴이지만 후생노동성에서는 암, 뇌졸중, 급성 심근경색, 당뇨병 그리고 정신질환을 5대 질병으로 칭하고 있습니다. 마음의 병을 앓는 사람이 워낙 많다 보니 나라에서도 대책을 강구할 필요를 느낀 것이죠. 이 점을 감안하면 생활 습관 관련 질환의 예방 및 건강 진단이 의사에게 주어진 미션이라 할 수 있습니다. '얼마나 정돈된 일상을 보내며 심리적 건강을 유지할 것인가'. 이것이 관건입니다.

아울 클리닉에서는 정신과의 예방 의료로서 성격 진단 테스트와 스트레스 체크 테스트의 도입 등을 고려하며 한층 더 전문적으로 마음의 문제를 다루는 프로페셔널이 되는 것을 꿈꾸고 있습니다. '밤에만 문을 여는 정신과'는 앞으로도 도전을 계속할 생각입니다.

그중 하나가 알코올의존증 전문 외래를 시작한 것입니다. 옛날부터 '적당한 술은 건강에 좋다'고들 하지만 과도한 음주는 간 질환, 비만, 알코올의존증 등을 야기해 건강을 위협할 수 있습니다. 적당한 음주량은 사람마다 다릅니다. 개인차가 큰 만큼 반드시 자신의 적정량을 알고 있어야 합니다. 과음은 건강뿐 아니라 경제활동, 인간관계, 가족 관계와 관련된 문제를 일으켜 일상생활에 막대한 악영향을 끼치기도 하니까요.

물론 마음의 병이 알코올의존증으로 발전하는 경우도 있습니다. 기존의 알코올의존증 치료는 금주나 단주처럼 술 자체를 끊는 것에 중점을 뒀으나 아울 클리닉의 전문 외래에서는 마시는 양을 줄이거나 음주 방식을 바꾸는 방법 등을 포함시켜 환자 한 명 한 명에게 맞는 '술과의 관계 형성'

에 힘쓰고 있습니다. 마음이 변하면 행동도 변하죠. 굳이 술을 끊지 않더라도, 음주의 양을 잘 조절하면 효과를 볼 수 있습니다.

고민을
언어화하기

정신질환의 증상은 매우 다양하지만, 병명과 상관없이 많은 환자들이 목표로 삼는 항목들이 있습니다.

- 의지가 생기는 것
- 의욕이 저하되지 않는 것
- 사람들과 교류할 수 있게 되는 것
- 자기 신변과 관련된 일을 스스로 처리할 수 있게 되는 것
- 혼자 외출할 수 있게 되는 것

몸의 병이든 마음의 병이든, 일단 병에 걸리면 그때까지 아무렇지 않게 하던 일을 못하게 됩니다. 많은 분들이 괴로

위하는 부분이죠.

아울 클리닉에 오는 환자 대부분은 인간관계에서 생긴 고민 때문에 마음의 병을 앓고 있습니다. 그러나 환자 중에 성실한 성향의 사람들이 많아서인지, 문제를 언어화해서 인정하는 것에 거부감을 보입니다. 그래서 상담을 통한 언어화에 매진하죠. 그 과정만 거쳐도 증상이 가벼워지거나 사라지는 사람들이 있습니다.

앞으로도 환자들이 마음속 고민을 말로 표현할 수 있도록 돕는 일에 중점을 둘 것입니다. 그러면서 자신의 문제를 자각하는 경우가 많고 원인을 아는 것만으로 해결의 실마리를 찾는 케이스도 적지 않으니까요. 과거 정신과는 경청이 기본으로, 환자의 이야기를 듣는 데 주력하는 것이 일반적이었으나 저는 그 방법이 시대의 흐름에 맞지 않는다고 생각합니다. 요즘에는 고민의 원인이 인간관계든 뭐든, 구체적으로 조언하곤 합니다. 환자에게 "이런 식으로 생각해 보는 건 어떨까요?" 하고 간섭하기도 하죠.

증상이 심각하거나 희사염려가 걱정될 때는 약을 처방합니다. 뭐가 되었든 일단 약이라도 먹어서 괴로움을 덜고 싶다고 생각하는 환자가 많기 때문이죠. 그러나 불면증을 호소하며 어떻게든 자고 싶다고 하는 환자의 경우, 약 처방만이 능사는 아닙니다. 치료에 약이 필요할 때도 있지만 약을 먹어 봤자 소용이 없는 경우도 있습니다. 본질적인 문제 해결이 우선이죠. 다양한 방식으로 접근해 근본적인 원인을 파악함으로써 한 명이라도 많은 환자들이 고민에서 벗어날 수 있도록 꾸준히 진료하고 있습니다.

절이냐, 교회냐,
정신과냐

일이나 공부를 하다 답답해지면 스타벅스 같은 카페에서 느긋하게 시간을 보내며 기분 전환을 하는 사람도 많을 텐데요. 만약 정신과가 스타벅스 같은 존재가 된다면 우울증 환자도 줄지 않을까 생각합니다. '왠지 좀 괴롭네. 힘들어'라는 생각이 들면 카페 대신 병원을 찾는 것이죠. 미국이나 유럽처럼 이것이 자연스러운 일이 되었으면 좋겠습니다.

어떤 질병에도 조기 발견, 조기 치료만큼 효과적인 것은 없습니다. 게다가 마음의 병은 중증이 되어도 외과적 수술로 그 원인을 제거할 수 없죠. 육안으로는 확인되지 않는 마음속을 더듬어 가며 치료하기 때문에 증상이 심해질수록 시간과 돈이 많이 들 수밖에 없습니다. 이런 이유에서라도 하루빨리 치료를 시작했으면 합니다. 큰 고민과 불안이 없더라도 예방 차원에서 정신과의 문을 두드리는 것 또한 방법입니다.

'기분이 가라앉는 것을 예방한다'고 하면 말이 좀 이상할까요? 그렇지만 한번 생각해 보세요. 평소에 사람들과 이야기할 기회가 거의 없는 사람이라면 '누군가와 대화를 해서 발산하고 싶다' '모르는 사람에게 털어놓고 소통하고 싶다' 등의 이유로 정신과를 찾을 수도 있는 것입니다. 정신과가 스타벅스 같은 존재가 되면 '문턱이 너무 낮아져 진단이 안일하게 이뤄지거나 불필요한 의료 행위가 일어나지 않을까' 하는 우려를 낳을 수도 있겠죠. 하지만 기댈 곳이 꼭 필요한 사람도 있습니다. '뛰어드는 절(에도시대에 외도하는 남편, 강제 혼인 등으로부터 도망친 여성들을 숨겨 주던 절 – 옮긴이)'이라는 말에서도 알 수 있듯, 옛날에는 절이나 교회를 안식처로 삼는 이들이 적지 않았던 모양인데 요즘은 그런 이유로 종교를 찾는 사람이 그리 많지는 않은 것 같습니다.

서양인들은 상담에 대한 심리적 장벽이 낮을 뿐 아니라, 꼭 정신질환을 치료하기 위해서가 아니더라도 마음의 컨디션을 조절하려고 상담을 받는 일이 흔합니다. 기업 경영자나 프로 운동선수에게는 전속 상담사가 있을 정도로 대중적이죠. 아픈 사람만 상담을 받는다고 생각하지 않습니다. 상담으로 마음의 질병이 예방된다는 의학적 데이터는 아직 없지만, 조기 진찰을 통해 중증이 되는 것을 방지하거나 재발을 예방할 수 있습니다.

재미있으면 하자!

아울 클리닉의 슬로건은 '재미있으면 하자!'입니다. 제가 생각하는 재미있는 일이란 두근거리는 일, 웃음이 나는 일, 함께 즐길 수 있는 일입니다. 늘 무의식적으로 재미있는 일을 찾거나 생각하고 있죠. 저 혼자만 재미있어 해도 충분할지 모르지만 주위 사람들과 함께 즐기며 두근거리는 마음으로 같이 웃을 수 있다면 최고 아닐까요? 그것이 제가 꿈꾸는 이 상적인 삶입니다.

개인적으로 가장 하고 싶은 라이프워크는 교육에 참여하는 것입니다. 가령 A라는 공부법과 B라는 공부법이 있다고 합시다. 오사카 시민을 천 명 단위로 나눠 어느 쪽의 결과가 좋을지 실험을 합니다. 한쪽이 우위를 차지해 통계적으로 유의미한 결과가 나오면 더 효과적이라고 판명된 공부법을 시민 모두에게 보급해 오사카 전체의 수준 향상을 꾀할 수 있겠죠. 이 방법을 확장시키면 일본 전국의 수준 향상으로도 이어질 수 있지 않을까요? 그렇게 긍정적인 움직임을 만들어 갈 수만 있다면⋯⋯ 상상만으로도 즐겁네요.

제가 늘 신기하게 생각하는 것이 하나 있습니다. 의학에는 'Evidence-based medicine(근거중심의학)'이란 개념이 있는데 지금으로부터 약 20~100년 전에 조명을 받은 방법론입니다. 'A라는 약과 B라는 약이 있다. 어느 쪽이 좋을지 아무도 모른다. 임상 실험에서는 두 약을 각각 천 명에게 무작위로 먹게 하는데, 복용하는 사람도 본인이 어느 약을 먹는지 알 수 없다. 실험 결과, 한 실험군은 혈압이 10 내려가고, 다른 한쪽은 20이 내려가는 양상을 보였다'는 식의 검증적 실험인데요. 약의 세계에 항상 존재하는 방법입니다. 그러나 무슨 이유에서인지 교육의 세계에서는 쓰지 않습니다.

교육이라는 특성상 청소년들의 공부법에 차이를 두는 것이 '인체 실험적'이라는 평가를 받을 수 있기 때문일 테죠. 정부 입장에서 그 정도의 위험을 감수하기란 쉽지 않을 것입니다. 하지만 그것은 약도 마찬가지입니다. 살아 있는 사람을 대상으로 한 실험이니, 목숨이 걸린 문제죠. '미래의 인간을 위한 투자'라는 면에서는 크게 다르지 않다는 생각도 드는데 말입니다. 의학계에서는 제약회사의 자본을 바탕으로 실험이 진행됩니다. 그런데 왜 교육계에서는 같은 시스템이 작동하지 않는 걸까요? 정말 신기할 따름입니다.

두근두근할 만큼 재미있는 시도를 계속하다 보면 사회는 점점 건강해질 것입니다. 그런 시대가 오면 마음의 병을 앓는 사람의 수가 눈에 띄게 줄지 않을까요? 모처럼 인간에게 주어진 지혜를 보다 의미 있게, 더욱 구석진 곳까지 퍼뜨릴 수 있으면 좋겠다는 생각이 듭니다. 국가나 각 지자체에서 모든 학생을 대상으로 재미있는 시도를 실시하는 것은 시기상조겠죠. 하지만 천릿길도 한 걸음부터입니다. 저는 '즐거운 일을 찾는 사람들'의 대표로서 앞으로도 꾸준히 재미있는 일, 즐거운 일을 찾는 데 앞장설 생각입니다.

세상은 정신과를 조용하고 어두운 이미지로만 그리지만 언제나 즐거운, 웃음이 넘치는, 밝은 정신과가 있는 것도 괜찮지 않나요? 대단히 큰돈을 버는 것도, 특별히 좋은 대우를 받는 것도 아니지만 처음부터 지금까지 저와 함께해 준 여러 직원들이 있습니다. 새롭게 들어온 직원들도 기쁜 마음으로 어울리고 있고요. 저에게 아주 소중한 사람들입니다. 그렇기 때문에 더더욱, 직접 재미있는 일을 찾고 스스로 즐기면서 직원들이 즐거운 마음으로 함께할 수 있는 환경을 만들기 위해 노력합니다. 이런 에너지가 마음의 병으로 힘들어하는 이들에게도 도움이 될 것이라 믿습니다.

epilogue

에필로그

마음의 병을 마치 마법처럼, 한 번에 싹 낫게 할 수는 없습니다. 그저 작은 성공의 경험들을 차곡차곡 쌓아 갈 뿐입니다. 다만 어둡고 무겁게만 느껴지는 문제들을 조금이나마 재미있게 고쳐 나갔으면 좋겠다는 마음을 늘 가지고 있습니다.

아울 클리닉을 찾는 환자들은 모두 어려움을 겪고 있습니다. 직원들이 입을 모아 말하죠. 환자들이 문을 여는 순간에는 하나같이 난감한 얼굴을 하고 있다고요. 다들 힘든 시기를 겪고 있으니 힘든 얼굴로, 힘들게 아울 클리닉의 문을 두드리는 것입니다. 이렇게 곤경에 빠진 사람들의 문제를 함께 해결하며 한 사람이라도 덜 힘들도록 돕는 것이 저의 직업이자 사명이죠.

더 이상 견딜 수 없어 아울 클리닉에 온 환자 대부분은 성실하고 좋은 사람들입니다. 대충대충 사는 사람, 생각이 불순한 사람, 누군가를 힘들게 하는 사람처럼 악의적인 인간들이 아니죠. 책임감과 끈기가 강한 사람일수록 '그러거나 말거나' 하고 가볍게 넘기지를 못합니다. 이 점을 잘 알고 있기 때문에, 병을 고치는 의사이기 이전에 고민을 나누는 존재이고 싶습니다. 그런 분들이 '그냥 한번 얘기나 해 볼까?' 하고 생각할 수 있도록 말이죠.

저는 정말 사람이 좋습니다. 정신과 의사가 되기로 마음먹은 이유 역시 사람이 좋아서였죠. 사람은 누구나 다 고민을 하고, 누구나 다 감기에 걸립니다. 특별한 점은 아무것도 없습니다. 마음의 감기에 걸렸다고 부끄러울 이유도 없죠. 저는 감기에 걸려 오는 환자와 고민을 안고 오는 환자를 딱히 나누지 않고 중립을 지키며 진찰하고 있습니다.

정신분석학자 프로이트는 '근원적 불안'이라는 개념을 언급했습니다. 인간은 세상에 태어날 때부터 불안을 안고 산다는 것입니다. 이 불안은 모자 관계에서부터 시작되죠. 태어

낳을 때는 아무것도 할 수 없는 연약한 존재여서, 그때 어머니에게 애정을 받지 못하면 어떤 식으로든 마음의 병이 생길 확률이 높다고 합니다.

그 일이 개개인에게 어떤 문제를 야기하는지까지는 알 수 없습니다. 마음에 관한 진실은 아직 다 밝혀지지 않았으니까요. 불안이 어떤 증상으로 발현되어 우리를 슬프게 하는지, 왜 사람을 괴롭게 하는지, 왜 스스로를 상처 입히는지, 왜 마음이 침울해지는지…….

저는 이 문제들에 대해 끊임없이 탐구하며 마음의 짐을 더는 실마리를 발견하기 위해 환자 한 명 한 명과 마주하고 있습니다. 길게 자란 머리카락이 거슬려 미용실에 가듯 마음 편히 갈 수 있는 곳. '오늘은 피곤하니까 카페에서 조금 쉬자'는 마음으로 찾는 휴식의 장소. 왠지 마음이 불편하다고 느껴지면 바로 달려갈 수 있는, 그런 부담 없는 곳이 아울 클리닉이었으면 하면서요.

들고 있는 가방이 너무 무거워서 손잡이가 손가락을 짓눌러 통증이 느껴진다면 일단 그 가방을 내려놓겠죠? 마음의 병 역시 마찬가지입니다. 무거워 죽을 것 같은 마음을 끌어안은 채 끙끙대고 있다면 일단 어딘가에 툭 내려놓아 보세요. 그렇게 '마음을 내려놓을 곳'이 되기 위해 정신과가 존재하고 있습니다.

"그렇게까지 하는 게 의미가 있어?" 제가 자주 듣는 말입니다. 어쩌면 저를 움직이는 에너지도 '불안'일지 모르죠. 인간은 누구나 불안을 안고 삽니다. 불안이 없으면 위험을 인식해도 피하지 않아 그대로 멸종해 버릴 겁니다. 프로이트가 말하는 인간의 근원적 불안을 잘 컨트롤할 수 없을 때, 우리는 우울증과 공황장애 등을 경험합니다. 본디 인간의 불안이 이렇게까지 오래 지속되지는 않을 텐데, 거대한 불안에 짓눌리면 옴짝달싹할 수가 없게 됩니다.

'작업과 활동을 통해 살아가는 힘을 얻는다'. 이것이 작업치료의 기본입니다. 아마도 저는 불안을 컨트롤하기 위해 때와 장소를 가리지 않고 작업치료를 하고 있는 것인지도 모르겠습니다. '웃음' 또한 불안을 덜어 주겠죠.

원래 인간은 새로운 만남에 설레고 즐거워합니다. 밖으로 나가는 것이 두렵거나 사람이 무서워져 괴롭다면 아울 클리닉에 와서 마음의 무게를 덜어 보는 것이 어떨까요? 분명 '재미있으니까 됐어!'라는 생각이 들 것입니다.

2019년 7월

가타카미 데쓰야